ADAC Reiseführer

Ibiza

und Formentera

**Strände · Diskotheken · Einkaufen · Feste
Museen · Dörfer · Höhlen · Hotels · Restaurants**

Die Top Tipps führen Sie zu den Highlights

von Birgit und Manfred Wöbcke

☐ Intro

**Ibiza und Formentera
Impressionen**   6

Zwei charmante Schwester-Inseln im
Mittelmeer

**Geschichte, Kunst, Kultur
im Überblick**   12

Vom Spielball der Karthager,
Kalifen und Könige zur autonomen
Inselrepublik

☐ Unterwegs

**Eivissa – Altstadt-Traum
über dem Meer**   18

1 Eivissa 18
   Die Oberstadt Dalt Vila 22
   Die Unterstadt Sa Penya 26
   Der Jachthafen Marina
    Botafoch 28
   Puig des Molins 29

**Ibizas Süden und Südwesten –
Trubel und romantische
Sonnenuntergänge**   35

2 Ses Figueretes 35
3 Platja d'en Bossa 36
4 Sant Jordi des Ses Salines
   (San Jorge) 38
5 Torre de Ses Portes 38
6 Platja d'Es Cavallet 39
7 Ses Salines (Las Salinas) 39
8 Sa Caleta 41
9 Es Cubells 42
10 Es Vedrà und Es Vedranell 43
11 Cala d'Hort 45
12 Cala Vadella 46
13 Cala Molí 46
14 Cala Tarida 47
15 Sant Josep de sa Talaia
   (San José de Atalaya) 47
16 Cova Santa 52
17 Sant Agustí d'Es Vedrà 52
18 Sant Rafel de Forca
   (San Rafael) 54

Ibizas Ostküste – Hippiemärkte und herrliche Strände 57

19 Platja Talamanca 57
20 Puig d'en Valls 58
21 Jesús 58
22 Roca Llisa 60
23 Cala Llonga 60
24 Santa Eulària des Riu
(Santa Eulalia del Río) 62
25 Es Canyar (Es Caná, Es Canar) 68
26 Cala Llenya 69
27 Cala Mastella 70
28 Cala Boix 70
29 Es Pou des Lleò 71
30 Sant Carles de Peralta
(San Carlos) 72
31 Platja d'es Figueral 73

Ibizas Norden – beschauliche Bauernlandschaft 74

32 Cala de Sant Vicenç
(Cala de San Vicente) 75
33 Cova des Cuieram 76
34 Sant Llorenç de Balàfia
(San Lorenzo) und Balàfia 76
35 Sant Joan de Labritja
(San Juan Bautista) 78
36 Cala Xarraca 79
37 Portinatx 79
38 Santa Gertrudis de Fruitera 81
39 Sant Miquel de Balansat
(San Miguel de Balanzat) 82
40 Port de Sant Miquel 83
41 Cala Benirràs 84

Ibizas Westküste – Wiege und Hochburg des Tourismus 86

42 Sant Antoni de Portmany
(San Antonio Abad) 87
Cova Santa Agnès 91
Sa Capella 91
43 Es Port d'es Torrent 96
44 Cala Bassa und Cala Comte 96
45 Cova de Ses Fontanelles 97
46 Santa Agnès de Corona
(Santa Inés) 99
Torretes D'en Lluc 99
Punta Roja 100
47 Sant Mateu d'Aubarca
(San Mateo) 100

Formentera – Badeparadies mit ursprünglichem Charme 103

48 Es Pujols 103
Ca Na Costa 104
49 Es Trucadors und S'Espalmador 105
50 La Savina 106
51 Sant Francesc de Formentera (San Francisco Javier) 109
52 Cala Saona 112
53 Cap de Barbària 112
54 Sant Ferran de ses Roques (San Fernando) 113
55 Platja de Migjorn 115
56 Platja de Tramuntana 116
57 Es Caló de Sant Agustí 117
58 El Pilar de la Mola 118
Cova d'es Fum 118
59 Cap de la Mola 119
60 Las Salinas 121

Ibiza und Formentera Kaleidoskop

Eine stolze Festung 20
Modestil als Kulturgut 28
Wellness am Wasser 41
Wandern auf Ibiza 48
Diskolife: schlaflos auf Ibiza 54
Erbe der Blumenkinder 68
Unvergessliche Sundowner 85
So schläft man heute 93
Café del Mar – der Sound der Sonne 94
Oasen des Meeresgrundes 114
Speisekarte der Balearen 128

Karten und Pläne

Ibiza – vordere Umschlagklappe
Formentera – hintere Umschlagklappe
Eivissa (Ibiza-Stadt) 21
Santa Eulària des Riu
(Santa Eulalia del Río) 63

☐ Service

Ibiza und Formentera aktuell A bis Z   123

Vor Reiseantritt 123
Allgemeine Informationen 123
Service und Notruf – 124
Anreise 125
Bank, Post, Telefon 125
Einkaufen 126
Essen und Trinken 126
Feiertage 126
Festivals und Events 127
Internet – 129
Klima und Reisezeit 129
Nachtleben 130
Sport 131
Statistik 133
Unterkunft 133
Verkehrsmittel im Land 134

Sprachführer   136

Spanisch für die Reise

Register   141

Liste der lieferbaren Titel 140
Impressum 143
Bildnachweis 143

Leserforum

Die Meinung unserer Leserinnen und Leser ist wichtig, daher freuen wir uns, von Ihnen zu hören. Wenn Ihnen dieser Reiseführer gefällt, wenn Sie Hinweise zu den Inhalten haben – Ergänzungs- und Verbesserungsvorschläge, Tipps und Korrekturen –, dann kontaktieren Sie uns bitte:

Redaktion ADAC Reiseführer
ADAC Verlag GmbH & Co. KG
Hansastraße 19, 80686 München
reisefuehrer@adac.de
www.adac.de/reisefuehrer

Ibiza und Formentera Impressionen
Zwei charmante Schwester-Inseln im Mittelmeer

Trendige Megadiskotheken und weiße Fincas, grüne Pinienwälder und fotogene Windmühlen am Horizont, FKK und Adlib-Mode von Weltruf: Bienvenidos auf den Baleareninseln Ibiza und Formentera. Seit den Tagen von Flower Power und Jetset stehen die beiden Eilande im Blau des Mittelmeers, 80 km vom spanischen Festland entfernt, als Synoym für grenzenlos-heiteres Ferienvergnügen rund um die Uhr.

Touristen und Residenten

Wie begann alles? Die ersten Urlauber – es waren vor allem **Engländer** – kamen bereits in den 20er- und 30er-Jahren des 20. Jh. per Schiff nach Ibiza. Die Bevölkerung der Insel freute sich über das Interesse der Besucher. Und wer Geld hatte, um zu investieren, baute ein kleines Hotel oder Gästehaus – bevorzugt im Küstenbereich, denn Erholung am Meer stand ganz oben auf der Wunschliste der Gäste.

Etwa 30 Jahre später war Ibiza das Mekka für **Hippies** aus aller Welt, die hier ihre Träume von einem unbeschwerten, einfachen Leben unter der Sonne des Südens realisieren wollten. Von der Bevölkerung wurden sie wiederum mit großem Gleichmut akzeptiert. Den Blumenkindern folgten in den 1970er-Jahren die Schönen und Reichen des **Jetset**. Mick Jagger und seine Frau Bianca vergnügten sich auf Parties, und Aristoteles Onassis genoss bei einem Drink im ›El Corsario‹ in Dalt Vila den herrlichen Blick über die Bucht. Die legendären **Diskotheken** KU – das heutige *Privilege* – in Sant Rafel de Forca und das *Pacha* in der Hauptstadt Eivissa öffneten ihre Pforten, und eine illustre Gästeschar vergnügte sich dort bei Schaum- oder Themenparties.

Während die internationalen Medien noch ihren Klatsch über die ›Prominenteninsel‹ publizierten, nahm bereits der **Pauschaltourismus** steten Aufschwung und erreichte um 1980 einen ersten Höhepunkt. Ibiza avancierte zur **Partyinsel** des Mittelmeerraums, sie ist seitdem *die* heiße Adresse für junge Leute. Nirgend-

Links und rechts oben: *Bitte Platz nehmen: Das Can Martí ist ein typisches Beispiel für den neuen, naturnahen Tourismus auf Ibizas*
Rechts unten: *Hotels, Restaurants, Bars – nirgendwo auf Ibiza findet man davon so viel wie in der weißen Hafenstadt San Antoni*

wo existieren auf engstem Raum derart viele aufregende Diskotheken, angesagte Kneipen und trendige Bars.

Mitte der 1990er-Jahre gab es einen neuen Boom: Nun steuerten vermehrt auch Familien mit Kindern Ibiza und Formentera an, um das glasklare Meer, die herrlichen Sandstrände, das milde Klima und die vielfältigen Sportmöglichkeiten rund ums Wasser zu genießen.

Heute bietet Ibiza die gesamte Bandbreite des modernen Tourismus: Anspruchsvolle Individualreisende finden luxuriöse 5-Sterne-Häuser, Familien komfortable Hotels und junge Leute bezahlbare Clubanlagen mit einem Unterhaltungsprogramm, das keine Wünsche offen lässt. Auf Ibiza ist beides möglich: Erholung und Party rund um die Uhr. Neben den Touristen gibt es zahlreiche

ausländische **Residentes**, von denen viele bereits vor Jahrzehnten zu günstigen Preisen Immobilien auf Ibiza und Formentera erworben hatten. So sind die beiden Inseln heute fast zu einem Schmelztiegel der Nationen geworden, haben sich doch auf ihnen Festlandspanier, Deutsche, Briten, Franzosen ebenso wie Nord- und Südamerikaner niedergelassen.

Im Großen und Ganzen gibt sich die Bevölkerung weltoffen. Von einem gewissen Stirnrunzeln begleitet wird auf den katholischen Balearen lediglich die Zunahme des *FKK*. Die in den Ferienzentren mit freiem Oberkörper herumspazierenden Badeurlauber heißen bei den Einheimischen nur *Descamisados* (Leute ohne Hemd) oder, mit einem Augenzwinkern, auch *Gambas* (gegrillte Langusten).

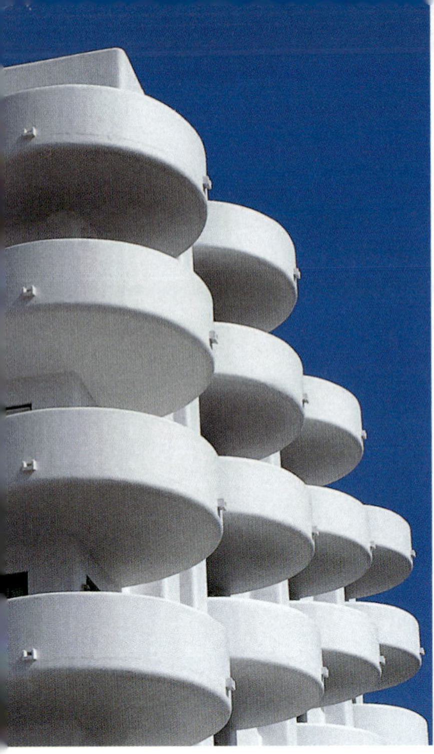

Schatten im Paradies

Die Balearen sind kein unberührtes Paradies mehr, seit der Massentourismus in zunehmendem Maß Terrain gewonnen hat. Entsprechend häufig sind an vielen Buchten die **Bausünden** vergangener Jahrzehnte zu sehen: eilig hochgezogene, vielstöckige Hotelblocks, unattraktive Restaurants und Bars – wahrlich kein schöner Anblick.

Unter der Zunahme des Tourismus hatte auch die **Natur** deutlich zu leiden. Aus diesem Grund wurden etwa 40 % der Fläche Ibizas unter *Naturschutz* gestellt. Und längst sind Einheimische wie Besucher für den Schutz der Umwelt sensibilisiert worden.

Es muss nicht immer in der Hochsaison sein

Mit bis zu 2 Mio. Urlaubern jährlich haben Ibiza und Formentera die Grenzen ihrer touristischen Belastbarkeit erreicht. Noch immer konzentriert sich das Gros der Besucher auf die **Sommermonate** Juli und August. Dann werden nicht nur Unterkünfte und Trinkwasser knapp. Gleich-

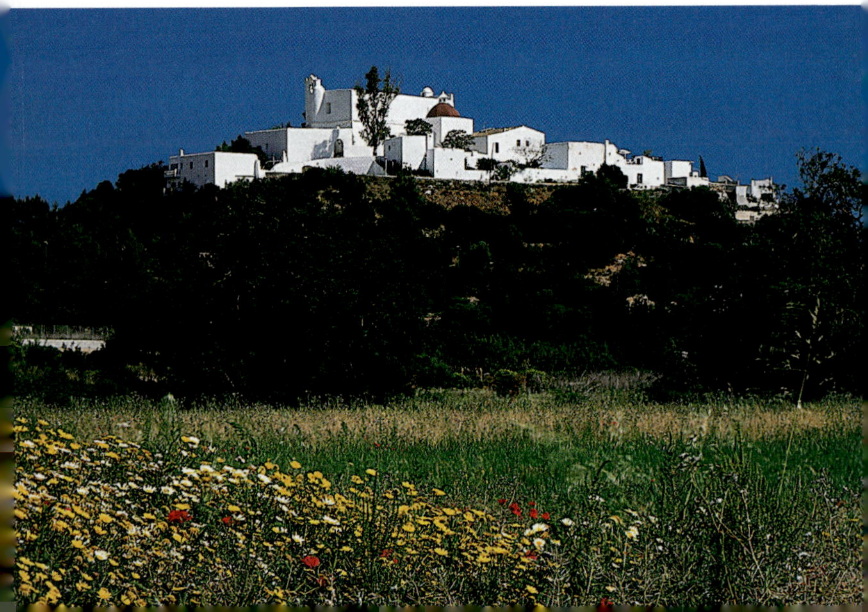

wohl herrscht ungetrübte Ferienstimmung: Tagsüber relaxen Sonnenfans wie Naturliebhaber an herrlichen Sandstränden und schönen Buchten, erfreuen sich an bizarren Felsklippen und atemraubenden Steilküsten, und nachts wird in den Bars und Discos gefeiert.

Im Sommer wird **Eivissa** seinem Ruf als Partymetropole gerecht. Entlang der Marina flanieren alle, die sehen und gesehen werden wollen und die jungen, modisch gestylten Touristinnen begrüßen sich mit Küsschen rechts und links.

Kosmopolitisches Flair vermittelt dann auch **Santa Eulària**, der größte Ort im Osten von Ibiza: Hochhäuser, ein Jachthafen, in dem die neuesten und teuersten Boote vor Anker liegen, und Boutiquen, eine schöner und edler als die andere. Der Besucher wähnt sich am Nabel der Welt, dabei ist Santa Eulària kaum mehr als eine Kleinstadt, jedoch mit einer ganz besonderen Attraktion: Wenige Kilometer östlich lockt bei Es Canyar der größte und älteste **Hippiemarkt** der Insel, der während der Saison wöchentlich wie in seinen Anfängen in den 1970er-Jahren auf dem Parkplatz des Ferienclubs *Punta*

Arabí stattfindet. An zahllosen Ständen warten handgearbeitete Schmuckstücke mit bunt schillernden Halbedelsteinen, Hippielatschen und Kleider in allen Regenbogenfarben neben Korbflechtarbeiten, Keramik und Lederartikeln auf Käufer.

Ihren ganz besonderen Reiz entfalten die Inseln im ebenfalls sonnigen **Frühjahr** oder **Herbst**, die besonders für Wanderungen und Fahrradausflüge geeignet sind. Zur Zeit der **Mandelblüte**, im Januar/Februar liegt ein wahrer Zauber über Ibiza, das sich dann mancherorts als stille mediterrane Schönheit präsentiert. Selbst in Dalt Vila, Eivissas Altstadt, in der im Sommer unglaublicher Trubel herrscht, breitet sich während der Win-

Links oben: Weiße Wabenarchitektur – modernes Hotel-Hochhaus in Santa Eularia des Ríu
Links: Ibiza-typische weiße Würfelarchitektur in Santa Eulària des Ríu
Oben: *Luxuriöse Entspannung am Pool – Hotel Es Cucons bei Santa Agnés*
Rechts: *Bei dieser Fassade stand Disney Pate: ›Bar 100‹ in Sant Antoni de Portmany*

termonate fast andächtige Stille aus. Zwar haben zahlreiche Hotels und Restaurants nun geschlossen, doch finden sich immer noch genügend hübsche kleine Pensionen und Fincas, in denen man sich so richtig wohlfühlen kann.

Unterwegs

Ibiza ist von einem eigentümlichen, herben Reiz, der den aufmerksamen Betrachter in seinen Bann zieht, sobald dieser sich außerhalb der von Ferienhotels erschlossenen Buchten bewegt. Hart arbeitende Männer, die dem roten Boden die Ernte abtrotzen wollen, heben ihre Hand zum Gruß. Wer im Inselinneren unterwegs ist, sollte mehr noch als in den Städten darauf achten, ein höfliches und zuvorkommendes Verhalten an den Tag zu legen. Wenige Worte in der Landessprache, ein lächelndes *Bon Dia (Buenos Días)*, ein freundliches *Bona Tarda (Buenas Tardes)* öffnen Tür und Tor zum Wesen der mitunter recht verschlossenen ibizenkischen Landbevölkerung. Interessierten präsentiert sich Ibiza als ein Schatzkästchen historischer und kultureller Attraktionen. Viele Orte gilt es zu entdecken wie etwa das romantische Wehrdorf **Balàfia** im Nordosten Ibizas, in dem die Zeit seit tausend Jahren still zu stehen scheint, oder der traditionelle Töpferort **Sant Rafel de Forca** nördlich von Eivissa, und nicht zuletzt die phönizische Ausgrabungsstätte **Sa Caleta** im Südwesten, die von einer längst versunkenen Hochkultur zeugt. Mit Sicherheit wird sich wohl kaum einer dem Zauber der hoch auf einem Hügel thronenden, von der UNESCO als *Weltkulturerbe* geschützten Altstadt Eivissas, **Dalt Vila**, entziehen können, einem einzigartigen historischen Ensemble, das den Besucher in eine Welt enger Gassen und wuchtiger Paläste entführt.

Charakteristisch sind die weißen Bauernhäuser der Insel, **Fincas** von schlichter Schönheit, deren kubische Formen schon den großen Architekten Le Corbusier haben staunen lassen.

Ibiza zeichnet sich durch eine sehr abwechslungsreiche Landschaft aus: Während steile, mit grünen Kiefern bestandene Hügelketten die Nordwest- und Nordküste prägen, sind der Osten und Süden relativ flach. Die Küsten des Eilands präsentieren sich stark zerklüftet und mit zahlreichen malerischen Buchten, den *Calas*, mit ihrem zumeist kristallklaren Wasser. An deren Ende findet sich meist ein hübscher Strand, an die Felsflanken schmiegt sich gelegentlich ein kleines Fischerdorf.

Formentera

Ungleich stiller und erholsamer, aber auch weniger mit landschaftlichen und kulturellen Highlights gesegnet als die quirlige Schwesterinsel, ist das kleinere Formentera im Süden. Sein Name leitet sich vom lateinischen *Frumentarium*, ›Weizenlieferant‹, ab und bis heute bleibt die ländlich geprägte Insel ihren Wurzeln aus der Zeit des Römischen Reiches treu.

Typisch für Formentera sind Bauerndörfer wie El Pilar und Sant Ferran und durch Natursteinmäuerchen (*Tancas*) abgegrenzte Felder mit alten Oliven- und Feigenbäumen, unter denen der Klatschmohn blüht. Das große Kapital der Insel freilich sind die traumhaften Sandstrände im Norden und Osten, gerahmt von goldschimmernden Felsen und mit Blick auf das grünblaue Meer.

Links oben: *Paradies für Sonnenanbeter – Strand von Sant Antoni de Portmany*
Links unten: *Sinfonie in Türkis – Formenteras Cala Saona*
Rechts MItte: *Bukolische Bauernlandschaft bei Sant Carles auf Ibiza*
Ganz rechts: *Stolz auf ihre Trachten sind auf Ibiza schon die Jüngsten*

Geschichte, Kunst, Kultur im Überblick

Vom Spielball der Karthager, Kalifen und Könige zur autonomen Inselrepublik

ca.1800 v.Chr. Ein Dolmengrab aus dem Neolithikum bei Ca Na Costa auf Formentera lässt vermuten, dass die Insel in prähistorischer Zeit besiedelt war.

800–700 v.Chr. Griechische Seefahrer erkunden in der späten Bronzezeit die Balearen und taufen diese Gimnesias (Land der Nackten). Ibiza wird von ihnen Ophiussa (Schlangeninsel) genannt, Ibiza und Formentera zusammen auch Pityussai (Pityusen, Pinieninseln).

654 v.Chr. Die Karthager gründen auf Ibiza die erste Siedlung, wie einige Grabungsfunde bei Sa Caleta und seiner Nekropole im Südwesten beweisen.

590–585 v.Chr. Die karthagische Siedlung wird an den Ort des heutigen Eivissa verlegt und erhält den Namen Ibusim (die Pinienreiche). Man beginnt mit der Gewinnung von Salz in den Salinen und der Ausbeutung der Bleivorkommen bei Sant Carles. Die Besiedlung nimmt in den nächsten vier Jahrhunderten weiter zu, im 5.Jh. v. Chr. werden eigene Münzen geprägt. Es entwickelt sich ein lebhafter Handel mit Salz, Blei und Purpur. Auf dem Windmühlenberg Puig des Molins wird eine unterirdische Nekropole angelegt, teilweise werden hier sogar in Nordafrika verstorbene Karthager bestattet. Von den 3000 bis 4000 Gräbern dieser Epoche sind heute noch zahlreiche erhalten. Grabbeigaben wie Büsten und Statuetten zeigt das Museum Puig des Molins, in Eivissas Archäologischem Museum sind phönizische Münzen und Keramik aus der Höhle Es Cuieram bei San Vicente ausgestellt.

247 v.Chr. Der karthagische Feldherr Hannibal, der sein Volk im Kampf gegen die Römer führen sollte, wird auf Ibiza oder auf einer der benachbarten Inseln geboren.

218–201 v.Chr. Im Zweiten Punischen Krieg werden die Karthager von den Römern besiegt. Bald darauf endet auch die punische Epoche auf den Pityusen.

123 v.Chr. Nach der Niederlage und Zerstörung Karthagos im Dritten Punischen Krieg beginnt die Kolonialisierung der Pityusen durch die Römer. Aus Ibusim wird Ebusus, Formentera erhält den Namen Frumentarium, was so viel wie Weizenlieferant bedeutet. Die Inseln bleiben zunächst autonom. Die Römer fördern die Salz- und Bleiproduktion und machen Ibiza zu einer bedeutenden Kornkammer ihres Imperiums.

70 n.Chr. Unter Kaiser Vespasian wird Ibiza der autonome Status aberkannt. Als Teil der Provinz Tarragona wird die Insel römische Kolonie, behält jedoch weiterhin ihr Münzrecht. Neben Getreide werden nun auch Wein und Oliven angebaut. Der Aquädukt von S'Argamassa bei Santa Eulària, die Olivenpresse bei Balàfia und das Poblado Romano, das römische Kastell von Formentera, sind Bauwerke aus dieser Epoche.

200 Beginn der Christianisierung auf der Insel Ebusus.

Ist der berühmte karthagische Feldherr Hannibal wirklich ein Sohn Ibizas?

400 Das Christentum wird in den Kolonien und somit auch auf Ibiza und Formentera Staatsreligion. Allmählicher Niedergang des Römischen Reiches.

426 Die Vandalen, ein kriegerisches Volk aus Nordeuropa, besiegen die Römer und erobern Ibiza und Formentera. Sie beherrschen die Inseln rund 100 Jahre lang, besiedeln sie jedoch nicht. Spuren aus dieser Epoche sind folglich kaum zu finden.

476 Rom zerfällt in das Weströmische und das Oströmische Reich.

535 Ostrom (Byzanz) besiegt die Vandalen. Die Inselgruppe der Pityusen, und damit auch Ibiza und Formentera, gelangt unter byzantinische Herrschaft.

711 Die Araber erobern das spanische Festland und versuchen in den folgenden zwei Jahrhunderten immer wieder, auf die Balearen vorzudringen.

859 Ein Überfall durch die Normannen hinterlässt Spuren der Verwüstung, die Mauren verstärken erneut ihre Bemühungen, die Inseln unter ihre Kontrolle zu bringen.

902 Der Kalif von Córdoba besetzt Ibiza (fortan Yebisah ober Yabisha genannt) und Formentera vom Festland aus, die Inseln werden folglich islamisiert. Die Mauren terrassieren die Berghänge und installieren ein Bewässerungssystem, Ibiza erlebt eine landwirtschaftliche Blütezeit. Zum Schutz gegen christliche Kreuzfahrer, die immer wieder eine Rückeroberung versuchen, wird die Stadt Medina Iabissa mit einem starken Mauerring umzogen. Einige Grundmauern und Befestigungsanlagen sowie Keramikfunde erinnern neben wenigen Ortsnamen an die islamische Herrschaft, so Teile der Stadtmauer von Eivissa in der Carrer San José mit Festungstürmen und das Tor La Portella, das die Straßen Santa María und Calle Mayor in Dalt Vila verbindet. Die am besten erhaltene maurische Architektur findet man in Balàfia auf Ibiza, auch einige Brunnen mit Schöpfrädern und Windmühlen stammen aus der Maurenzeit.

ab 1000 Die Balearen werden zur Piratenhochburg des westlichen Mittelmeers. Die Bewohner überfallen zahllose Handelsschiffe.

1113–15 Die Seerepublik Pisa führt mit Unterstützung Kataloniens eine Strafexpedition gegen die berüchtigten Piratenhochburgen der Balearen durch.

1114 Ein Versuch des Grafen von Barcelona, Eivissa zu erobern und die Mauren zu vertreiben, schlägt fehl. Die Stadtbefestigung mit ihren vielen Wachtürmen hält den Angreifern stand, die Moschee und der Emirpalast befinden sich in der geschützten Altstadt Dalt Vila.

1235 Im Zuge der Wiedereroberung Spaniens (Reconquista) durch das Christentum besiegen die Katalanen unter König Jaime I. die Mauren. Ibiza kann mit Hilfe von Informationen eines arabischen Überläufers im Handstreich genommen werden. Die Balearen sind fortan dem Königshaus von Aragón unterstellt. Ibiza und Formentera werden besiedelt, die katalanische Sprache und das Christentum breiten sich aus, die Orte erhalten die Namen von Heiligen. Ibiza erlangt von Aragón das Recht auf Handelsfreiheit.

1276 König Jaime II. von Katalonien, Enkel von Jaime I., gründet das Königreich von Mallorca, dem Ibiza und Formentera einverleibt werden.

1299 Jaime II. von Katalonien und Mallorca setzt eine autonome Regierung und Verwaltung der Balearen, die Universitat, ein. Die Inseln werden unabhängig vom Festland. Der katalanische Adel beginnt mit Investitionen in Eivissa. Das Verwaltungsgebäude der Universitat beherbergt heute das Archäologische Museum von Eivissa.

1348 Eine Pestepidemie rafft den größten Teil der Bevölkerung von Ibiza und Formentera dahin.

1349 In den Erbfolgestreitigkeiten und militärischen

Auseinandersetzungen zwischen Jaume III. von Mallorca und dem Hause Aragón unterliegt Jaime III., und das Königreich Mallorca fällt an die Krone von Aragón.

1469 Isabella von Kastilien und Ferdinand II. von Aragón heiraten, der spanische Nationalstaat entsteht. Die zu Aragón gehörenden Balearen werden damit Teil des spanischen Königreiches.

16. Jh. Überfälle durch Piraten aus Nordafrika und der Türkei auf den Pityusen nehmen derart zu, dass Formentera weiterhin fast unbewohnt bleibt. Auch die Bevölkerung Ibizas geht drastisch zurück. Ab 1550 werden entlang der Küsten Wachtürme errichtet und festungsgleiche Kirchen auf Hügeln erbaut, sodass die Bevölkerung bei Piratenangriffen in diesen Wehrkirchen Schutz finden kann.

ab 1555 In Eivissa (Dalt Vila) errichten die italienischen Baumeister Giovanni Battista Calvi und sein Nachfolger Jacopo Paleazzo, gen. El Fratín, im Auftrag Karls V. eine neue Stadtmauer (es ist der dritte Mauerring nach denen der Phönizier und Mauren) und ein Kastell. Auf Ibiza bilden sich schlagkräftige Korsarengruppen, die der Piraterie entgegenwirken. Aber sie müssen der Krone einen Teil ihrer Beute abgeben.

1652 Fast die Hälfte der Bewohner Ibizas fällt einer Pestepidemie zum Opfer. Bewässerungssystem und Agrarflächen der Pityusen beginnen zu verfallen.

Ende des 17. Jh. Formentera wird von Ibiza aus wieder besiedelt, nachdem der Piraterie zunächst Einhalt geboten werden konnte.

1714 Felipe V. von Kastilien gewinnt den Spanischen Erbfolgekrieg gegen den Habsburger Karl II. und übernimmt mit der Provinz der Balearen, die im Krieg auf Seiten der Habsburger stand, auch Ibiza und Formentera.

1717 Felipe V. erklärt die autonome Verwaltung der Inseln für beendet und setzt eine kastilische Regierung ein. Kastilisch wird zur Amtssprache der Katalanisch sprechenden Bevölkerung. Die Salzgewinnungsanlagen gehen in Regierungsbesitz über. Damit entfällt eine der Lebensgrundlagen der Bevölkerung. Zahlreiche Menschen verarmen, viele sehen sich zur Auswanderung gezwungen.

1782 König Carlos III. von Kastilien verleiht Eivissa das Stadtrecht, Papst Pius VI. ernennt es zum Bischofssitz. Manuel Labad y Lassiera, der erste Bischof, nimmt sich sogleich der brach liegenden Agrarflächen an. Für die Inselbevölkerung beginnt eine profitable und landwirtschaftlich fruchtbare Periode.

1827 Franzosen und Engländer besiegen die türkische Mittelmeerflotte und beenden damit die Raubzüge türkischer Piraten.

1856 Die spanische Regierung beendet die von Ibiza ausgehende Piraterie.

1867 Der habsburgische Erzherzog Ludwig Salvator besucht die Balearen und auch Ibiza, 1869 lässt er sich auf Mallorca nieder. Der Privatgelehrte verfasst ein siebenbändiges Werk, ›Die Balearen in Wort und Bild‹ (1897), zu Natur und Kultur der Inseln.

ab 1920 Der Tourismus auf Ibiza entwickelt sich: Britische Urlauber kommen per Schiff vom spanischen Festland, die ersten kleinen Hotels werden gebaut.

1923–1931 General Primo de Rivera errichtet auf den Balearen eine Militärdiktatur, die 1931 durch die Ausrufung der Zweiten Spanischen Republik – die erste von 1873 bestand nur ein Jahr und verschliss vier Präsidenten – aufgelöst wird.

1931/32 Der renommierte Architekt Le Corbusier

(1887–1965) macht während seines Winterurlaubs auf dem Weg von Barcelona nach Mallorca auf Ibiza Station. Er ist beeindruckt von der »seltsamen und reinen Architektur« und lenkt die Aufmerksamkeit der Fachwelt auf den ibizenkischen Finca-Baustil.

ab 1933 Von den Nationalsozialisten verfolgte Intellektuelle finden auf Ibiza ihr Exil. Der Philosoph und Schriftsteller Walter Benjamin lässt sich im Frühjahr in San Antonio nieder und schreibt die ›Ibizenkische Suite‹. Der Maler, Schriftsteller und Architekt Raoul Hausmann wiederum verbringt mehrere Jahre im Exil in Sant Josep und fotografiert, zeichnet und beschreibt Ibizas Bauernhäuser, »weiße Kuben, die wie vom Zufallsprinzip auf- und nebeneinander gestellt werden«.

1936–39 Der Spanische Bürgerkrieg währt auf Ibiza und Formentera nur kurze Zeit, denn sogleich nach dem Putsch General Francos im Sommer 1936 geraten die Balearen unter die Kontrolle der Nationalisten.

1958 Der Flughafen von Ibiza wird eröffnet. Der Fremdenverkehr nimmt in Folge deutlich zu.

1959 Als der Architekt Walter Gropius (1883–1969) an Bord eines Schiffes zum ersten Mal in den Hafen von Eivissa einläuft, ist er begeistert von der in Terrassen ansteigenden Stadtkulisse mit ihren kubischen Gebäuden. Hier sieht Gropius seine architektonischen Gestaltungsideale, das Zusammenspiel von Licht, Form und Funktion, bereits realisiert. Im bäuerlichen Baustil der ibizenkischen Fincas erkennt er einen Vorläufer der von ihm begründeten Bauhaus-Architektur.

ab 1960 Hippies aus aller Welt entdecken zunächst Ibiza, später Formentera als Traumziele, ihre Hochburg wird Sant Carles de Peralta.

Bald lassen sich auch Filmstars wie Ursula Andress, Diana Rigg und Peter Sellers auf Ibiza nieder, häufigster Gast ist Regisseur Roman Polanski. Später folgt der Pianist Friedrich Gulda. Reminiszenzen der Hippiekultur finden sich noch im Hippiemarkt von Punta Arabí und zahlreichen kleineren Märkten in anderen Orten der Insel. Auch die unkonventionelle Designer- und Künstlerszene von Ibiza, die u.a. eine neue Mode, den Adlib-Stil, begründet, ist ein Erbe von Flower Power.

ab 1970 Die Balearen entwickeln sich allmählich zu den Lieblingsurlaubszielen der Massen. Die Touristenzahlen steigen von 2,2 Mio. (1970) auf knapp 4 Mio. (1979). Nach dem Spitzenreiter Mallorca (mit zwei Dritteln der Besucher) kann sich Ibiza an zweiter Stelle etablieren.

1975 Franco stirbt in Madrid. Unter König Juan Carlos I. beginnt Schritt für Schritt die ersehnte Demokratisierung des Landes.

1978 Spanien erhält eine demokratische Verfassung.

1982 Spanien tritt der NATO bei.

1983 Die Balearen werden zu einer der 17 autonomen Regionen Spaniens ernannt. Hauptstadt der Comunidad Autónoma de las Islas Baleares ist Palma de Mallorca. Katalanisch wird nun Amtssprache.

1986 Spanien – und damit auch die Inseln Ibiza und Formentera – wird Mitglied der Europäischen Gemeinschaft.

1995 Die Salzfelder von Ibiza und Formentera werden von der spanischen Regierung zu Naturschutzgebieten erklärt, womit die fortschreitende Bebauung des Landes gestoppt wird.

1999 Dalt Vila, die Altstadt von Eivissa, mit ihrer Stadtmauer, die phönizische Nekropole Es Puig des Molins, die phönizische Siedlung

Sa Caleta und die Unterwasser-Seegraswiesen im Meer zwischen Ibiza und Formentera werden auf die Welterbe-Liste der UNESCO gesetzt. Darüber hinaus gibt es einen neuen Besucherrekord für Ibiza, das nunmehr 1,6 Mio. Urlauber verzeichnet, darunter zahlreiche Prominente wie Claudia Schiffer, Mick Jagger und Kate Moss.

Der Architekt Le Corbusier ließ sich in den 1930er-Jahren durch die funktionelle Finca-Architektur Ibizas inspirieren

2000 Die berühmte Diskothek Pacha in Eivissa ist zum ersten Mal Austragungsort für die DJ Awards, eine Art Oscar für die weltbesten DJs.

2003 Gemeinsam mit der Republik Karelien sind die Balearen ›Europäische Region des Jahres 2003‹.

2006 Die Fertigstellung einer Autobahn vom Flughafen über Eivissa nach Sant Antoni verzögert sich durch den Widerstand von Anwohnern und Grundbesitzern.

2010 Aus Mitteln des ›UNESCO-Welterbes Ibiza‹ werden 30 Gebäude des alten Fischerviertels Sa Penya gekauft und restauriert.

seit 2011 Der Hafen Marina Botafoch von Eivissa wird erweitert und bringt Platz für neue Schiffsanleger.

Unterwegs

Hinter den schicken Jachten im Hafen liegt
Eivissas prächtige Altstadt Dalt Vila

Eivissa – Altstadt-Traum über dem Meer

Die alte Stadt und das Meer. So viele Menschen hat Ibiza-Stadt schon gesehen, so viele Namen schon besessen: Ibosim, Ebusus, Yebosah, Madina Yabisah. Und heute: Evissa: Die Karthager, Römer, Araber und Katalanen haben die Hauptstadt geprägt, in ihrer Kultur, Toleranz und Lebensfreude, aber auch in ihrer Architektur. Lange hatte die Verteidigung oberste Priorität bei der Gestaltung. Mächtige Mauerwerke schützen heute noch Dalt Vila, die historische Altstadt. Steil geht es dort hinauf, und einmal im Leben sollte man hoch oben auf dem zum Welterbe geadelten Hügel gestanden haben, den Ausblick genießen – auf die Kathedrale, das Meer und das Leben, das in der Unterstadt tobt.

Denn vor allem in der Hochsaison avanciert die Inselmetropole zu einer einzigen großen Party. Wo in den 70er-Jahren des 20. Jh. Aristoteles und Jackie Onassis bei einem Sundowner über die Bucht schauten, treffen sich heute Menschen aus aller Welt. In den späten Vormittagsstunden und am Abend fahren die Urlauber in ihren Geländewagen von den Strandhotels in die Stadt. Die Auswahl an Boutiquen, Restaurants, Cafés und Cocktailbars bewegt sich auf weltstädtischem Niveau, ist andererseits aber ganz und gar typisch für Ibiza. Denn schon in den blumigen Seventies ließen sich einige im Schneiderhandwerk erfahrene Hippies und Designer zu einer originellen Moderichtung inspirieren. ›Ad Libitum‹, etwa ›Wie es gefällt‹, heißt das Motto des auf Ibiza.

1 Eivissa

Zu den Highlights von Ibiza zählt die Altstadt Dalt Vila.

Auf einem Hügel am Meer, hoch über Eivissa (50 000 Einw.), thront die Kathedrale [s. S. 25], Symbol einer Jahrhunderte alten Kultur. Zu ihren Füßen schmiegen sich schneeweiße Häuser in kubischen Formen an sonnenverwöhnten Hängen. Die von einer Festungsmauer umgebene Altstadt Eivissas, Dalt Vila, ist ein wahres architektonisches Gesamtkunstwerk und alles andere als ein Freilichtmuseum, wie man bei einem Spaziergang durch die engen Gassen unschwer erkennen kann. Draußen hängt Wäsche zum Trocknen, verführerische Düfte aus der Küche ziehen durch geöffnete Fenster, eine Katze sonnt sich vor einem Hauseingang.

In Eivissas Jachthafen **Marina Botafoch**, neben Dalt Vila und Sa Penya

Traumhafter Blick über die Dächer der Altstadt von Eivissa auf den Hafen und die Umgebung

eines der drei wichtigsten Viertel der Stadt, bestimmt eher Ferienstimmung die Atmosphäre. Im Wasser ankern zahllose Boote und schnittige Jachten. Ein gut gelauntes und gut situiertes Publikum gibt sich hier dem Vergnügen hin und genießt schlichtweg die Leichtigkeit des Seins.

Geschichte Um das Jahr 1000 v.Chr. wuchs in der Mittelmeerregion eine neue Macht heran: die **Phönizier**. Sie hatten an den kleinasiatischen Küsten Stadtstaaten gegründet und drangen von hier aus immer weiter in den westlichen Mittelmeerraum vor, weniger um kriegerische Expansionsgelüste zu stillen, sondern um Handel zu treiben. Ibiza mit seinen geschützten Häfen bot den Seefahrern anfangs eine willkommene Anlaufstation, wo sie ihre Schiffe reparieren und sich mit Vorräten versorgen konnten.

Nachdem aber Karthago, eine phönizische Neugründung des 9. Jh. v. Chr. in Nordafrika, im Laufe der folgenden Jahrhunderte zu einer bedeutenden Macht herangewachsen war, gründeten seine Einwohner, die **Karthager**, 654 v. Chr. auf Ibiza die Siedlung *Ibusim*. Diese entwickelte sich innerhalb weniger Jahre zum wohlhabenden Handelszentrum. Den Siedlungskern konnten Wissenschaftler auf dem *Puig des Molins*, dem Mühlenberg [s. S. 30], lokalisieren, nur wenige hundert Meter vom heutigen Zentrum Eivissas entfernt. Er erinnert an die älteste Epoche von Ibusims Geschichte, in der die Bleigewinnung, die Purpurerzeugung mit Hilfe von Schnecken sowie ein blühender Salzhandel etabliert wurden. Parallel zur ersten Blütezeit der Stadt entstand am Mühlenberg eine ausgedehnte Nekropole. Die eindrucksvollen Grabungsfunde sind im *Museu Monogràfic des Puig des Molins* [s. S. 30] ausgestellt.

Karthagos Erzfeind wurde bald die Landmacht Rom, die im 3. Jh. v. Chr. ihren Herrschaftsbereich bis nach Süditalien ausgedehnt hatte. Ein Kampf zwischen den westlichen und orientalischen Mächten um die Vorherrschaft im Mittelmeer wurde unausweichlich. Der kriegerische Konflikt dauerte mit Unterbrechungen 118 Jahre lang und ging unter der Bezeichnung *Punische Kriege* in die Geschichte ein. Auch Ibiza und sein geschützter Naturhafen weckten die Begierde der Römer. Mit der Zerstörung Karthagos und dem Ende des Dritten Punischen Krieges wurden die Balearen schließlich ab 123 v. Chr. von den **Römern** beherrscht. Einzig Ibiza, das bereits im 5. Jh. v. Chr. eigene Münzen geprägt hatte und im gesamten Mittelmeerraum einen

Eine stolze Festung

Es waren gefährliche Zeiten aufgrund türkischer Piraterie und muslimischer Bedrohung, und die alten Stadtmauern aus der Araberzeit boten längst nicht mehr genügend Schutz für die Bewohner von **Eivissa**. Aus diesem Grund wurde der Neubau einer Stadtmauer nach den ehrgeizigen Plänen des aus Italien stammenden Festungsbaumeisters *Giovanni Battista Calvi* im Jahre 1555 begonnen. Sechs **Bastionen** (Baluards), so der Wunsch von *Kaiser Karl V.*, der den Auftrag erteilte, sollten die Eckpunkte bilden. Und so stellt sich das **Castillo** auch seit seiner Fertigstellung dar: Während der Baluard de Santa Tecla im Süden aufs Meer, der Baluard de Sant Joan auf den Hafen und Portal Nou zum Mühlenberg blicken, sind Sant Jaume, Sant Jordi und Sant Bernat nach Südwesten hin ausgerichtet.

Calvi, der als Festungsbaumeister schon in Siena und Barcelona gewirkt und selbst zahlreiche Türkenüberfälle auf Ibiza miterlebt hatte, starb 1561 – zu einem Zeitpunkt, als sein Werk noch längst nicht vollendet war. *König Philip II.* (1556–1598) ernannte einen Landsmann von Calvi zum Nachfolger: Jacopo Paleazzo, genannt *El Fratín*. Ein erneuter Überfall der Türken veranlasste Auftraggeber und Baumeister, die Gesamtfläche des ummauerten Festungsgebietes auf 14 ha zu verdoppeln und ein siebtes Bollwerk, den Baluard de Santa Llúcia im Nordosten, hinzuzufügen.

Erst im 18. Jh. war die imposante Anlage, die heutige Altstadt **Dalt Vila**, vollendet und schreckte fortan alle Angreifer ab. Diese verlegten sich nun darauf, Ibizas Dörfer zu überfallen. Aufgrund ihrer ausgeklügelten Gestaltung zählt die Festung heute zu den eindrucksvollsten und besterhaltenen Anlagen ihrer Art in Europa und gehört zum **Weltkulturerbe**.

anschließenden Waffenhof erinnern heute noch an diese Epoche [s. S. 22].

Rund ein halbes Jahrtausend dauerte die Herrschaft der Römer auf Ibiza, der erst die **Vandalen** 426 n. Chr. mit der Besetzung der Insel ein Ende bereiteten. Es begann eine unruhige, von ständigen Machtwechseln zwischen Ostrom (Byzanz), Arabern, Franken und Normannen bestimmte Phase. Die Lehren des Propheten Mohammed verbreiteten sich entlang der Küsten des Mittelmeers wie ein Lauffeuer. Mit der Schlacht beim südspanischen Jerez de la Frontera im Jahre 711 war das Schicksal Spaniens schließlich besiegelt, und die **Araber** bestimmten fortan die Geschicke der Iberischen Halbinsel. Bald waren auch die Balearen und Ibiza in arabischer Hand. Dieser Herrschaft verdankt die Stadt Eivissa, das damalige *Ibusim*, die Errichtung der maurischen Stadtfestung *Almudaina*, die später von den christlichen Baumeistern in deren Kastell integriert werden sollte. Um die Stadt vor den Übergriffen durch Kreuzfahrer und Korsaren zu schützen, errichtete man trutzige meterdicke Wehrmauern. In dieser Zeit blühte auch die Landwirtschaft auf: Wein, Oliven und Getreide wurden angebaut, ein ausgeklügeltes Bewässerungssystem leitete Wasser in Kanälen zu den Gärten und Feldern. Um das Jahr 900 lebte die Bevölkerung von Ibiza in relativem Wohlstand.

Die kopflose Statue der Göttin Juno (Kopie) am Portal de Ses Taules aus der Römerzeit

bedeutenden Ruf genoss, blieb zunächst selbstständiger föderierter Staat. Seine Ernennung zur römischen Provinz *Municipium Flavium Ebusitanum* (*Ebusus*) erfolgte erst unter Kaiser Vespasian im Jahre 70 n. Chr. Drei römische Statuen (Kopien) am Portal de Ses Taules und im

Im Zuge der *Reconquista*, der Rückeroberung Spaniens durch die Christen, errichtete 1235 das Heer des Erzbischofs von Tarragona auf Befehl des katalanischen **Königs Jaime I.** einen christlichen Stützpunkt. In den Jahren 1555–85 wurde die imposante Festung *Castillo* [s. S. 25] erbaut.

Es folgte eine wirtschaftlich und politisch stabile Zeit für Eivissa. Als jedoch im Jahr 1700 die Dynastie der spanischen Habsburger ausstarb und der spanische Thron an die französischen **Bourbonen** überging, bahnten sich politische Veränderungen an, die sich auch auf Ibiza auswirken sollten. Ein Jahr später begann der **Spanische Erbfolgekrieg**, der bis 1714 dauerte. Die Balearen kämpften auf der Seite des Habsburgers Karl II., der jedoch 1714 **Philipp V. von Kastilien** unterlag. Nachdem dieser Spanien erhalten hatte, wurde die *Universitat*, das bis dahin autonome Regierungsorgan der Pityusen,

abgesetzt, und die Inselgruppe unterstand fortan der kastilischen Zentralregierung. *Kastilisch* wurde nun Amtssprache. In der Folgezeit verarmten Ibiza und Formentera zusehends, auf den Inseln blühte das Seeräuberwesen. Aufwärts ging es erst wieder, als 1782 Papst Pius VI. die Erlaubnis erteilte, Eivissa zu einem Bischofssitz zu erheben. Es folgte eine ruhige und friedliche Periode, die bis ins 20. Jh. andauern sollte. Während des **Spanischen Bürgerkriegs** (1936–39) fanden 1936 auf Ibiza vereinzelt Kämpfe statt.

Die Ära des modernen **Tourismus** begann mit der Eröffnung des Flughafens bei Eivissa im Jahre 1958. Nach dem Tod General Francos wurde Spanien im Jahre 1975 zur parlamentarischen Monarchie und Juan Carlos I. zum König proklamiert. 1983 wurden die Balearen zur autonomen Region ernannt, Palma de Mallorca ist seitdem ihre Hauptstadt. Gemeinsam entscheiden Ibiza und Formentera

Unter dem Schutz der UNESCO: die mächtigen Festungsmauern von Eivissas Altstadt Dalt Vila

bis heute im *Consell Insular*, dem Inselrat, über kommunale Belange.

Ein umweltpolitischer Fortschritt ist der mit EU-Subventionen durchgeführte Ersatz der öffentlichen Verkehrsmittel in Eivissa durch Elektrobusse, die seit 2000 für den Transport von Einheimischen wie Besuchern sorgen.

Die Oberstadt Dalt Vila

Wer mit dem Auto nach Eivissa kommt, parkt am besten am Stadthafen, dem Port d'Eivissa [s. S. 26], denn es ist mühselig bis aussichtslos, in der Nähe der Altstadt einen Parkplatz zu finden. Vom Passeig des Moll, der Hafenpromenade, führt die schnurgerade verlaufende Calle Pou durch das unterhalb der Stadtmauer gelegene Fischerviertel Sa Penya [s. S. 26] hinauf in die Oberstadt **Dalt Vila**. Man betritt sie über eine Zugbrücke und durch das **Portal de Ses Taules** ❶ (Portal de las Tablas). In den beiden Nischen rechts und links steht jeweils eine Kopie einer etwa 2000 Jahre alten kopflosen römischen Statue; die Originale befinden sich im Museu Arqueològic [s. S. 24]. Rechts sieht man die Göttin Juno und links wohl einen römischen Legionär. Die Inschrift über dem Portal und unter dem gewaltigen Wappen König Philips II. verkündet: »Philipo Rege Haec Construebantur« (Dies wurde dem König Philip erbaut). In die

meterdicken Mauern des sich anschließenden Waffenhofs sind ebenfalls Nischen eingelassen; eine davon beherbergt eine weitere römische Statue, die wohl ebenfalls einen Legionär darstellt.

Ein Glanzpunkt der Besichtigungstour durch Eivissa ist ein Besuch im **TOP TIPP** **Museu d'Art Contemporani** ❷ (Ronda Narcís Puget, Tel. 971 30 27 23, Di–Fr 10–13.30, 16–18, Sa/So 10–13 Uhr), das sich rechts unmittelbar neben der Stadtmauer befindet. Es ist im Ostteil des Bollwerks **Baluard de Sant Joan** untergebracht. Ursprünglich diente das nach Plänen des Militärbaumeisters Simon Poulet im Jahr 1727 errichtete Bauwerk als Waffenarsenal und Pulvermagazin. Dementsprechend nüchtern und ohne jeglichen Dekor präsentieren sich die beiden unteren tonnengewölbten Säle. Während der Invasion Napoleons I., der 1808 fast ganz Spanien besetzt hatte, nutzten spanische Truppen das Bollwerk nicht nur als Waffenlager, sondern auch als Militärgefängnis. Im Jahre 1971 wurde in dem bis dahin nicht mehr genutzten Gebäude das Museum für Zeitgenössische Kunst eingerichtet, mit einer einzigartigen Sammlung von fast 400 Gemälden zum Thema Ibiza. Die Künstler stammen aus aller Herren Länder. Aber auch einheimische Maler wie Anthony Marí (1906–1974) und Narcís Puget (1874–1960) sind vertreten, dazu einige Maler des 20. Jh. wie Rafael Tur Costa (*1927) und Paco Romero (*1966). Zu den bedeutendsten Arbeiten gehören die von Erwin Bechtold (*1925), dem Initiator der *Gruppe '59*, einer im Jahr 1959 gegründeten Künstlervereinigung, die dem ibizenkischen Kunstschaffen weltweite Anerkennung verschaffte. Stolz ist man im Museum auf die *Wechselausstellungen*, zu deren Vernissagen sich alles einfindet, was auf Ibiza Rang und Namen hat.

In östlicher Richtung gelangt man vom Museum über eine breite gepflasterte Straße zur kleinen, mit alten Eukalyptusbäumen bestandenen **Plaça dels Desamparats** ❸. Hier wird der Blick des Besuchers angezogen vom Bronzedenkmal des berühmten ibizenkischen Klerikers, Historikers und Dichters *Isidoro Macabich* (1883–1973), der sich vor allem mit dem Werk ›Historia de Ibiza‹ einen Namen gemacht hat. Er sitzt auf einer Bank, ein aufgeschlagenes Buch neben sich. Direkt am Platz steht eines der wenigen Hotels, die es in Dalt Vila gibt: das **La Ventana** [s. S. 31], dessen künstlerisch gestaltetes Interieur schon in zahlreichen internationalen Design-Magazinen vorgestellt wurde. So sind die Gästezimmer mit schmiedeeisernen Betten und opulenten Baldachinen, die Gesellschaftsräume mit exotischen Kunstgegenständen aus Indien, Mexiko und Bali aus-

Zeitgenössische Kunst in alten Gemäuern – Blick ins Museu d'Art Contemporani

Lebensnah: die Statue des Klerikers Isidoro Macabich auf der Plaça dels Desamparats

gestattet. In einer Glasvitrine des Foyers kann man kostbaren antiken Schmuck bewundern, und auf einem Tisch neben dem Kamin liegen die schönsten Bildbände über Ibiza und Formentera aus. Die Wände des Treppenaufgangs schmücken eingängige Blumenkinder-Weisheiten wie ›Vida es Amor‹, ›Leben ist Liebe‹. Von der mit breiten Liegesofas, Kissen und einem Sonnenbaldachin ausgestatteten Dachterrasse bietet sich dem Gast ein herrlicher Blick über die Stadtmauern hinweg auf den Hafen. Gäste des La Ventana dürfen übrigens mit dem Auto in die Altstadt hineinfahren – was sonst nur Anwohnern erlaubt ist – und direkt vor dem Hotel parken.

Von der Sa Carossa, der Fortsetzung der Plaça dels Desamparats, bummelt man entlang der Festungsmauer zum **Baluard de Santa Llúcia** ❹ an der Ostseite der Altstadt. Zum Bollwerk der hl. Lucia gehört auch das wieder aufgebaute Pulvermagazin, das im Jahre 1730 durch einen Blitzeinschlag in Rauch aufgegangen war. Vom Fuß des Bollwerks genießt man eine fantastische Sicht auf das darunter gelegene Fischerviertel Sa Penya und auf den Hafen.

Südlich, nur einen Katzensprung entfernt, steht in der Calle General Balanzat die im 16. Jh. von Karl V. für den neu gegründeten Dominikanerorden in Auftrag gegebene Kirche **Santo Domingo** ❺. Zunächst entstand eine Kapelle. Der Bau der einschiffigen tonnengewölbten Kirche zog sich dann aufgrund finanzieller Engpässe bis zum Ende des 17. Jh. hin. Auffälligstes Kennzeichen des sakralen Bauwerks sind die moscheeähnlichen ziegelgedeckten Kuppeln der zehn Seitenkapellen, die an maurische Gebäude erinnern. Während der Außenbau schlicht gehalten ist, präsentiert das barocke *Innere* Fresken, gekachelte Wände und prächtige, mit Blattgold verzierte Altäre. Besucher genießen die einzigartige, feierlich-ruhige Atmosphäre mit den vielen, von Einheimischen entzündeten Kerzen. Mit der Säkularisierung wurde der Dominikanerorden 1835 aufgelöst, und der gegenüber der Kirche an der Plaça d'Espanya gelegene einstige Konvent beherbergt seit 1938 das **Ajuntament** ❻ (Rathaus) von Eivissa. Als Plenarsaal dient der mit einem prächtigen Tonnengewölbe ausgestattete frühere Speisesaal der Mönche. Im Kreuzgang des einstigen Konvents finden im Sommer regelmäßig Konzerte statt. Über die Termine informiert das Tourismusbüro OIT [s. S. 30]. Die Statue auf der palmengeschmückten **Plaça d'Espanya** ❼ stellt *Guillem de Montgrí* dar, den Erzbischof von Tarragona. Von dem schattigen Platz, einem beliebten Treffpunkt älterer Einwohner, zweigt die gepflasterte, von prächtigen mehrstöckigen Herrenhäusern flankierte **Carrer de Ponent** ab.

Von der Plaça d'Espanya gelangt man zum Baluard de Santa Tecla mit dem

Museu Arqueològic ❽ (Plaça de la Catedral 3, Tel. 971301231, Mitte März–Mitte Okt. Di–Sa 10–14, 18–20, So 10–14, Mitte Okt.–Mitte März Di–Sa 9–15, So 10–14 Uhr). Hier residierte einst *La Universitat*, das Selbstverwaltungsorgan der Pityusen, das König Jaime II. von Mallorca im Jahr 1235 ins Leben gerufen hatte. Zusammen mit dem königlichen Statthalter, dem Vertreter des Erzbistums von Tarragona, regierte es ab 1299 die Insel. Erst nach dem Einfall der spanischen Truppen 1717 wurde La Universitat durch einen Gemeinderat ersetzt, der seinen Sitz zunächst im selben Gebäude hatte. Das Bauwerk auf rechteckigem Grundriss zeigt im mittleren Bereich Elemente des spanisch-islamischen Mudéjar-Stils, nämlich Ornamente aus Backstein und Gips, während die rechter Hand integrierte kleine Kapelle barocke Stilelemente aufweist. Ebenfalls zum Museum gehört die links gelegene, im gotischen Stil gehaltene **Capilla del Salvador**. Bereits vor 300 Jahren wurde die kleine Kapelle in das Gebäude der Universitat integriert. Im Archäologischen Museum sind Exponate aus der phönizischen, punischen und römischen Vergangenheit der Insel ausgestellt. Zu den besonderen Schätzen zählen die über 3000 Jahre alten Funde aus dem Megalithgrab *Ca Na Costa* [s. S. 104] von Formentera, nämlich Knochenreste, behauene Steine, Keramik und Schmuck. Ausgestellt sind auch die Originale der

Die ziegelgedeckten Kuppeln der Klosterkirche Santo Domingo prägen die Silhouette Eivissas

Schmucke rosa Schönheit hinter Palmen: Fassade eines Herrenhauses an der Plaça d'Espanya

römischen Statuen, die das Portal de Ses Taules [s. S. 22] flankieren.

Gleich neben dem Museum erhebt sich an der höchsten Stelle der Altstadt die **Catedral Santa María de las Nieves** **9**, das älteste Bauwerk von Dalt Vila. Der für Ibiza etwas überraschende Name der Kathedrale, Unsere Jungfrau vom Schnee, lässt sich darauf zurückführen, dass die Eroberung der Insel durch die christlichen Katalanen just auf diesen besonderen Gedenktag im Kirchenkalender fiel.

Das Gotteshaus steht an einem mythischen Platz. Hier haben schon seit über 2500 Jahren die verschiedenen Völker, die auf der Insel lebten, Kultstätten für ihre Götter errichtet. Bereits die Phönizier huldigten wohl an diesem Kultort den höheren Mächten. In der Forschung als gesichert gilt, dass während der römischen Epoche an dieser Stelle ein wohl dem Gott Merkur geweihter *Tempel* stand, auch wenn von diesem Bau nichts mehr erhalten ist. Mauerreste aus arabischer Zeit deuten darauf hin, dass der römische Tempel später von den Mauren in eine *Moschee* umgewandelt wurde. Ab 1235, nach der Besetzung der Insel durch die Katalanen, entstand dann eine christliche *Kirche*. Die damals im schlichten Stil der katalanischen Gotik gehaltene Kathedrale wurde während des 18. Jh. fast vollständig erneuert, sodass nur noch die Nebenapsiden, der Glockenturm und die

Sakristei original erhalten blieben, während die Chorapsis und das Langhaus barock geprägt sind. In der Sakristei zeigt ein kleines *Museum* Tafelbilder der Renaissance und des Barock ebenso wie historische Messgewänder und eine Monstranz aus Gold.

Die weiträumige **Plaça de la Catedral** vor der Kathedrale diente ab dem Ende des 16. Jh. als erster Marktplatz der Stadt. Wo einst Gemüse und Obst verkauft wurden, genießen heute Besucher aus aller Welt die entspannte urbane Atmosphäre und den weitläufigen Blick über die Häuser von Dalt Vila.

Das an der Stelle einer phönizischen, später maurischen Festung, der *Almudaina*, vom 16. bis hinein ins 18. Jh. errichtete **Castillo** **10** (Es Castell) aus rötlichem Sandstein an der Südwestseite des Platzes wird gegenwärtig restauriert. Es wird zum Luxushotel mit 72 Doppelzimmern, mehreren Konferenz- und Tagungsräumen, Fitnessraum, Spa, und Schwimmbecken umgebaut. Es wird das erste Hotel der Parador-Gruppe, die großen Wert auf die Bewahrung des historischen Erbes legt, auf den Balearen sein.

Vom **Baluard de Sant Bernat** **11** unterhalb der Kathedrale öffnet sich ein herrlicher Panoramablick aufs Meer und auf die Nachbarinsel Formentera. Vom Bollwerk aus führt ein Tunnel, *Es Soto Fosc* (›das dunkle Wäldchen‹), durch die Festungsmauer. Ein Gittertor bildet den

Sa Penya, südlich des Hafens, zählt heute zu den In-Vierteln Eivissas

Eingang zu den Kasematten. Wer dem steil abschüssigen Weg folgt, gelangt zu einer kleinen Turmluke, durch die einst Wurfgeschosse auf Angreifer geschleudert wurden. An der Rückseite der Stadtmauer hat man noch einmal eine wunderbare Aussicht aufs Meer. Über einen Fußweg kann man von hier zurück in die Unterstadt laufen.

Man kann aber auch vom Baluard über die Plaça de la Catedral und die Carrer Major durch Dalt Vila schlendern und die besondere Atmosphäre des Viertels genießen. Hier wird man bisweilen noch etwas von jenem Zauber verspüren, wie er häufig arabischen Altstädten zu eigen ist. Die eher schlichten, bisweilen verschlossen wirkenden maurischen Gebäude mit ihren nach hinten versetzten Eingängen geben nichts von ihrem Innenleben preis. Die aus der nachfolgenden spanischen Epoche stammenden Gebäude hingegen öffnen sich mit großen Fenstern, Türen, Toren und Balkonen zur Straße und zu den Plätzen hin.

Außerhalb der Saison, wenn die Bewohner von Dalt Vila ihren Alltagsgeschäften nachgehen, herrscht in den steil ansteigenden, bisweilen durch Treppen miteinander verbundenen Gassen eine angenehme Stille.

Ganz anders ist es während der Sommermonate. Bis tief in die Nacht hinein schlendern dann Urlauber durch die Altstadt, stöbern in den Souvenirläden und trendigen Boutiquen oder nehmen Platz an einem der zahlreichen vor den Restaurants aufgestellten Tische.

Die Unterstadt Sa Penya

Nach der Besichtigung von Dalt Vila bietet sich ein Bummel durch Sa Penya an. Das bis vor einigen Jahren noch recht heruntergekommene alte Viertel südlich des Hafens, in dem einst vorwiegend Fischer und kleine Handwerker lebten, ist inzwischen restauriert und zeigt sich mit hübschen Kunsthandwerksläden, Souvenirgeschäften und Fischrestaurants in neuem Glanz.

Der **Port d'Eivissa** 🕛 zählt zu den verkehrsreichsten Stadthäfen des ganzen Mittelmeerraums. Riesige Kreuzfahrtschiffe gehen hier fast täglich vor Anker, an Bord mehrere tausend Passagiere, die für einige Stunden zu Besichtigung und Einkaufsbummel von Bord gehen und durch die Straßen der Stadt strömen. An der Hafenpromenade **Passeig des Moll** gibt es zahlreiche Cafés, von denen aus man das bunte Treiben in aller Ruhe beobachten kann. Hier findet man auch das Tourismusbüro [s.S. 30], in dem man sich mit Prospekten und Karten versorgen kann.

Der Obelisco a los Corsarios erinnert an den berühmten Freibeuter Antonio Riquer Arabí

Laufsteg für Einheimische und Touristen: der von Bäumen gesäumte Passeig Vara de Rey

Unmittelbar neben der Mole, von der die Fähren nach Formentera ablegen, steht der **Obelisco a los Corsarios** 13. Er soll an den Korsaren *Antonio Riquer Arabí* erinnern, dessen größter Erfolg 1809 die Versenkung der britischen Fregatte ›Felicity‹ im Hafen von Eivissa war. Noch bis ins 19. Jh. hinein lebten und arbeiteten auf Ibiza sogar zahlreiche Sklaven, die von einstigen Beutezügen stammten. Im Jahr 1824 dann wurde auf Erlass von König Fernando II. die letzte Sklavin, María Flores, Leibeigene eines ibizenkischen Bauern, freigelassen.

Über die Uferpromenade und die Avenida Ramón y Tur gelangt man schließlich zu dem zwischen Dalt Vila und der Neustadt gelegenen **Passeig Vara de Rey** 14, dem Prachtboulevard der Hauptstadt. Die zahlreichen mit Arkaden, Giebeln und Säulen geschmückten Gebäude repräsentieren den spanischen Kolonialstil. Er wurde in Eivissa zu Beginn des 20. Jh. vor allem durch den Architekten *José Alomar* wiederbelebt. Das klassizistische **Monumento a Vara de Rey** in der Mitte des Passeig, das der spanische König Alfonso XIII. 1904 der Öffentlichkeit übergeben hatte, ehrt den ibizenkischen General Joaquín Vara de Rey i Rubío. Dieser hatte 1898 vergeblich mit seiner Armee gegen eine Übermacht aus Kubanern und Nordamerikanern um die spanische Kolonie Kuba gekämpft und dabei sein Leben gelassen.

An hohen Feiertagen wie Ostern oder Weihnachten und in der Karnevalszeit ist die herausgeputzte, teils mit Palmen bestandene Promenade ein Erlebnis für alle Sinne: Verlockende Düfte ziehen dann von den Ständen, an denen *Butifarra* und *Sobrassada*, die würzigen einheimischen Würste, verkauft werden, und es gibt Wein und Käse in Hülle und Fülle.

Auf der einen Seite des Boulevards reihen sich einladende Cafés aneinander. Auf der anderen Straßenseite locken zahlreiche attraktive Kunsthandwerksgeschäfte und Modeboutiquen.

Wer am nördlichen Ende des Boulevards der rechts abzweigenden Carrer Comte de Roselló folgt, stößt hinter der zweiten Querstraße auf das im Art-Déco-Stil gehaltene, gleichermaßen anmutige wie pompöse **Teatro Pereira** 15 aus dem Jahr 1893. Weithin leuchtet die rosa und weiß gehaltene Fassade des eleganten Bauwerks. Auch das plüschige *Innere* ist eine Hommage an den Geschmack des ausgehenden 19. Jh. Heute beherbergt das frühere Foyer des alten Theaters eine beliebte, allerdings eher hochpreisige Jazzbar [s. S. 33], in der neben Drinks und Tapas auch Livemusik geboten wird.

Leichte Mode steht für den Geist Ibizas

Ein Modestil als Kulturgut

Das lateinische ›ad libitum‹ (etwa ›wie es gefällt‹) lieferte den Namen für die berühmte ibizenkische **Adlib-Mode**. Sie ist inspiriert von der Mode der Hippie-Bewegung mit ihren Flatterröcken, Batik-Look und indischen Klamotten, aber auch von den Trachten der Pityusen, zu denen neben Ibiza und Formentera noch weitere kleinere, meist unbewohnte Inseln zählen. 1971 entstand mit dem Adlib-Label der bestimmende Modestil Ibizas, der sogar offiziell von der Regierung als Kulturgut gefördert wurde. Dabei waren die ersten Adlib-Kleider noch sehr einfach gehalten, aus weißen und leichten Stoffen, mit natürlichen Materialien. Zugleich waren sie auch sehr sexy, zeigten viel Haut, betonten die Körperkonturen. Es war eine Mode, die den Sommer feierte, und noch heute lockt diese Mischung aus Hippie-Look und Beach-Wear alljährlich im Juni Einkäufer aus allen Teilen Spaniens und Europas zur **Semana de la Moda** nach Eivissa. Selbst nach Japan werden die ausgefallenen Schöpfungen mittlerweile verkauft, und berühmte Modedesigner wie **Jean Paul Gaultier** und **Valentino** kommen gern auf die Insel, um sich inspirieren zu lassen.

Wer mit offenen Augen durch Ibizas Shopping-Zonen bummelt, wird hier unzählige **Boutiquen** entdecken, die Blumenkleider und Tuniken als einen Teil ihrer Kollektion führen, zum Beispiel Graf Life & More in Sant Miquel (www.sweetdreamsibiza.com). Die typischen schwingenden Röcke gibt es auch bei Reina & Roses in Santa Eulària (www.lareina.com). Doch nicht alles, was das Label Adlib trägt, stammt auch von der Insel. Ein Großteil der Ware kommt inzwischen auch aus Fernost und Lateinamerika und ist deutlich billiger als die Originale. Denn Ibizas Unikate stehen recht hoch im Kurs. Bei **Dora Herbst** [s. u.] beispielsweise, Ibizas berühmter Modedesignerin, kostet ein Kleid mehrere hundert Euro. Günstiger sind die Preise auf den diversen **Hippiemärkten**, die regelmäßig auf der Insel stattfinden.

Der Jachthafen Marina Botafoch

Eine schicke Adresse ist die schmucke **Marina Botafoch** 16 am Ende des Passeig Joan Carles I. im Norden der Bucht von Eivissa. Der ausgedehnte, in den Sommermonaten rund um die Uhr bewachte Sporthafen liegt in einer auch während der Herbststürme sicheren Bucht und stellt selbst anspruchsvollste Segler zufrieden. Jeder der insgesamt 428 Liegeplätze verfügt über Strom- und Wasseranschluss. Seit 2011 wird der Hafen zudem um weitere Anlegerplätze erweitert. Als Dreingabe bietet der Hafen einen schönen Blick auf Altstadt und Festung von Eivissa, der vor allem bei Sonnenuntergang sehr stimmungsvoll ist.

Die Gebäude ringsum präsentieren sich im anspruchsvollen, mediterran inspirierten Stil, Bars und Restaurants warten rund um die Uhr auf Gäste. Kein Wunder, dass auch regelmäßig prominente Segler mit ihren Booten den Hafen ansteuern. Doch Luxuskomfort und einmalige Lage haben ihren Preis: Es Botafoch gehört zu den teuersten Marinas der Balearen. So überrascht es kaum, dass man hier auch **Dora Herbst** [s.o. und S.31], Ibizas berühmteste Boutique für Adlib-Mode, findet. Die Kreationen der deutschen Inhaberin und Trendsetterin sind fast so teuer wie die Modelle französischer Edeldesigner, aber auch mindestens genauso schön und ausgefallen.

Unweit der Marina Botafoch und in der Nähe des Puerto Deportivo Ibiza Nueva, dem Hafen für Segel- und Sportboote, ist das *Ibiza Gran Hotel* am Paseo de Juan Carlos I zu finden. Dort ist auch das **Casi-**

no de Ibiza**, das einzige Spielkasino der Insel, beheimatet (Tel. 971 80 68 06, www. casinoibiza.com, tgl. ab 20 Uhr). Hier können Besucher ihr Glück bei Roulette, Blackjack sowie diversen Würfelspielen versuchen und sich anschließend im hauseigenen Restaurant mit edlen Gerichten der spanischen Küche verwöhnen lassen. Voraussetzungen für das Spielvergnügen sind die Vorlage des Reisepasses und ein Mindestalter von 18 Jahren ebenso wie die Einhaltung des Kleidungscodes: Jackett und Krawatte für Herren, Abendkleid für Damen.

Ein angenehmer Spaziergang führt am Hafen entlang, vorbei am Sandstrand von *Platja des Duros* (Ufer der Münzen), zum etwa 300 Jahre alten Leuchtturm **Far des Botafoch** 🔴17 an der westlichen Spitze der Landzunge Illa Grossa. Ein großes Spektakel ist das im Rahmen des Festes Maria vom Schnee (5. August) stattfindende Wettschwimmen vom Hafenbecken zum Leuchtturm. Die Zuschauer feuern die Schwimmer an, Musik ertönt im Hintergrund, und an zahlreichen Ständen werden Wein und Brötchen verkauft. Auch Besucher können übrigens an dem Wettschwimmen teilnehmen – Infos hierzu erhält man im Tourismusbüro [s. S. 30].

Puig des Molins

Auf dem **Puig des Molins** 🔴18 am westlichen Rand der Stadt liegt die berühmteste archäologische Fundstätte der Insel.

Kein bisschen altersgrau – 300 Jahre hat der Far des Botafoch schon auf dem Buckel

Auf geht's: in Eivissas Hafen starten die Ausflugsschiffe nach Santa Eulària und anderen Inseln

Karthagische Nekropole auf dem Puig des Molins: rund 300 Gräber sind hier zu bestaunen

Bis zum Anfang des 20. Jh. war der ›Mühlenberg‹ lediglich bekannt wegen seiner Windmühlen, von denen heute nur noch einige Überreste stehen, und wegen seiner alten Olivenbäume. 1903 jedoch stießen Archäologen hier auf eine **Nekropole** (April–Sept. Di–Sa 10–14 und 18–20, So 10–14, Okt.–März Di–Sa 9–15, So 10–14 Uhr) der Karthager mit annähernd 4000 Grabkammern. Sie stammen aus der Zeit vom 7. Jh. v. Chr. bis zum 3. Jh. n. Chr. und sind als Zeugnisse karthagischer Geschichte von großem wissenschaftlichen Wert, zumal Karthago von den Römern 146 v. Chr. fast vollständig zerstört wurde. Heute können etwa 300 der Grabstätten besichtigt werden. Die frühen Baumeister schlugen die Grabkammern direkt in den Fels. Es sind niedrige, etwa anderthalb Meter lange Schächte, in denen die Toten beigesetzt wurden. Sie wurden in langen Reihen und übereinander angebracht. Spuren weisen darauf hin, dass Grabräuber die Nekropole immer wieder heimsuchten. Dennoch haben sich zahlreiche Grabbeigaben erhalten, die heute im **Museu Monogràfic des Puig des Molins** **❶❾** (Vía Romana 31, Tel. 971 30 17 71, Di–Sa 10–14, 18–20, So 10–14 Uhr) zu bewundern sind. Die Sammlung umfasst punische Keramik, Schmuck, Münzen und Alltagsgegenstände. Besonders schön ist die Terrakottafigur der karthagischen Göttin Tanit. Die etwa 4000 Jahre alte, gut erhaltene Büste der als Muttergottheit verehrten Gefährtin des Hauptgottes Baal Hammon beeindruckt durch ihre markanten Gesichtszüge.

ℹ Praktische Hinweise

Information

Oficina d'Informació i Turisme (OIT), Plaça de la Catedral, Eivissa, Tel. 971 39 92 32, www.eivissa.org

Bus

Estación de Autobuses, Avda. Isidoro Macabich 42–44, Eivissa, Tel. 971 31 20 75. Zentraler Busbahnhof.

Fähre

Fähren ab Fähranleger Estación Marítima, Plaza de Antoni Riquer und Passeig Marítim sowie vom Hafen Dàrsena de Ponent.

Trasmapi, nach Formentera, Tel. 902 31 44 33, www.trasmapi.com

Trasmediterránea, zum spanischen Festland, Tel. 902 45 46 45, www.trasmediterranea.es

Taxi

Taxistände am Passeig Vara de Rey, Eivissa, La Marina (Sa Penya), Passeig Marítim, Avda. Isidoro Macabich; Radio Taxi Eivissa, Tel. 971 39 84 83.

Einkaufen

Dora Herbst, Marina Botafoch, Local 315, Eivissa, Tel. 971 31 67 41. Erlesene Jacken, Röcke, Kleider, Hosen und Accessoires im Adlib-Stil von der Grand Dame des Ibiza-Designs. Die Sachen haben allerdings ihren Preis.

Llibreria Vara del Rey, Passeig Vara de Rey 22, Eivissa, Tel. 971 31 18 19. Größtes Angebot an ausländischen Büchern, Zeitungen und Zeitschriften auf Ibiza.

Elisa F., Carrer Bisbe Azara 4, Eivissa, www.elisaf.com. Kleider und Longshirts aus Baumwolle und Leinen für ein unablässiges Sommergefühl. Das Label fertigt seit 1975 komplett auf Ibiza.

Tres Ibiza, Calle del Mar 35, Eivissa, Tel. 971 30 48 90, www.tresibiza.es. Importierte Bali- und Indien-Tücher sowie anderes Späthippie-Zubehör aus aller Welt.

Märkte

Während der alte offene *Mercado viejo* an der Plaza de la Constitución in Sa Penya vornehmlich Obst und Gemüse im Angebot hat, gibt es im neuen überdachten *Mercado nuevo* zwischen den Straßen Extremadura und Canarias (beim Busbahnhof der Avda. Isidoro Macabich) eine große Auswahl unterschiedlicher Mittelmeerfische.

Nachtleben

In **La Marina** und **Sa Penya** reihen sich zahlreiche Bars, Nachtklubs und Diskotheken aneinander [s. a. S. 33, 130 f.].

Lio, Paseo Juan Carlos I, Tel. 971 31 00 22, www.lioibiza.com. Restaurant, Club und Cabaret in exklusiver Lage: Mit Blick auf die Altstadt erwarten die Gäste ein großzügiges Restaurant mit zwei Bühnen, Burlesque-Shows und Art Performances.

Pacha, Avda. 8 d'Agost s/n, Eivissa, Tel. 971 31 36 12, www.pacha.com. Der Mega-Tanzpalast mit fünf Sälen für 3000 Gäste ist fester Bestandteil des Nachtlebens. Mit den Flyern, die im Hafenviertel verteilt werden, erhält man verbilligten Eintritt inkl. 1 Getränk (48 €). Neben dem Hauptraum, in dem wechselnde DJs auflegen, gibt es z. B. einen Funky Room für House-Musik, das Pachacha mit Latin Music sowie eine Dachterrasse, ein Restaurant und ein direkt gegenüber dem Club liegendes, edles Hotel. Inzwischen existieren international viele weitere Pacha Clubs u. a. in München und London.

Hotels

*****La Ventana**, Sa Carrossa 13, Dalt Vila, Eivissa, Tel. 971 39 08 57, www.laventanaibiza.com. Stilvolles ehemaliges Herrenhaus an der mit Bäumen gesäumten Plaza Sa Carrossa in der Altstadt, originell eingerichtete Zimmer, Betten mit Eisengestell und Moskito-Netzen, exzellente Küche im Restaurant vor dem Hotel. [s. S. 23].

*****Mirador de Dalt Vila**, Plaza de España 4, Dalt Vila, Tel. 971 30 30 45, www.hotelmiradoribiza.com. Der Stadtpalast von 1905 war lange Zeit Zuhause einer einheimischen Familie, heute ist er ein stilvolles Luxushotel. In exponierter Altstadtlage, unweit der Kathedrale, genießt man Design im klassischen Stil und den Blick bis aufs Meer, morgens trifft man sich zum Café con leche unter Palmen vor dem Hotelpalast.

****El Puerto**, Carrer Carles III 24, Eivissa, Tel. 971 31 38 12, www.ibizaelpuerto.com. Großes Mittelklassehaus mit Pool beim Hafen. 93 Zimmer mit Terrasse oder Balkon, 80 Apartments für Selbstversorger.

****Mar Blau**, Puig des Molins, Eivissa, Tel. 971 30 12 84, www.marblauibiza.com. Hostal auf einem Hügel mit schöner

Coole Typen werben für heiße Nächte in den Diskotheken und Klubs von Ibiza

Nach einem langen Strandtag genießt man den abendlichen Bummel in Eivissas Gassen

Aussicht von allen Zimmern. Nur 10 Minuten Fußweg vom Zentrum.

***Europa Púnico**, Carrer Aragón 28, Eivissa, Tel. 971 30 34 28, www.hostal europapunico.es. Die einfache Unterkunft mit freundlichem Service liegt 500 m von der Playa Figueretes.

***Hostal La Aduana**, Carrer Barcelona 6, Eivissa, Tel. 971 31 01 72, www.www.hostal laaduana.com. Propere einfache Zimmer in Hafennähe mit Mut zur Farbe.

***Hostal Parque**, Plaza del Parque 4, Eivissa, Tel. 971 30 13 58, www.hostalparque. com. 34 komfortable Zimmer, teils mit Balkon und Blick auf den Zentralplatz.

***La Marina**, Carrer Barcelona 7, Eivissa, Tel. 971 31 01 72, www.hostal-lamarina.com.

Die kleine Pension am Hafen besitzt auch ein hervorragendes Fischrestaurant.

Restaurants

Bon Profit, Plaza del Parque 5, Eivissa, Tel. 971 39 84 03. Deftige spanische Küche und dazu Hauswein. Sehr preiswert (evtl. muss man auf einen Platz warten).

Can Alfredo, Passeig Vara de Rey 16, Eivissa, Tel. 971 31 12 74. Hier sollte man unbedingt die köstliche Paella oder *Berenjenas rellenas*, mit Zwiebeln, Kräutern, Schweinefleisch und Tomaten gefüllte Auberginen, kosten.

Civet, Calle Murcia 12, Eivissa, Tel. 609 47 47 70, www.restaurantcivet.es. Feine katalanische Küche: Foie von der

Ente im Blätterteig, Gazpacho mit Birne oder das Langustinen-Gratin.

El Brasero, Es Passadis, 4, Tel. 971 31 14 69. Mitten in den kleinen Gassen im Herzen des alten Hafenviertels finden hier Ibiza-Kenner und Prominente einen Tisch. Serviert wird französische Küche mit Blick auf die beleuchtete Kathedrale. In der Hochsaison reservieren!

La Oliva, Calle Santa Cruz 2, Dalt Vila, Eivissa, Tel. 971 30 57 52, www.laolivaibiza. com. Mit provenzalischer Küche, z.B. Bouillabaisse und Cailettes, wird man hier verwöhnt.

La Scala, Sa Carrossa 7, Eivissa, Tel. 971 30 03 83, www.la-scala.com. Romantisches Ambiente ideal für ein Candlelight Dinner. Empfehlenswert ist zum Beispiel der Flusskrebssalat.

Madrigal, Marina Botafoch, Tel. 971 31 11 07, www.madrigalibiza.com. Salate, Pasta und ein günstiges Mittagsmenü, und am Abend noch der Blick auf die illuminierte Altstadt.

TOP TIPP **Comidas Bar San Juan**, Carrer de Guillem de Montgri 8, Tel. 971 31 16 03. In diesem Familienrestaurant trifft sich Gott und die Welt. Früher machten hier die Händler des nahegelegenen Markts Pause, heute isst hier jeder, ob Hippie, Hipster oder Handwerker. Seher zu empfehlen: die Tortillas und der Fisch.

Bars

Bar Warhol, C. Ramón Muntaner 151 (Ecke Joan Xicu), Eivissa, Tel. 971 30 08 06.

Ab Mitternacht kann man hier den Auftritt schräger Nachtfalter bestaunen.

Dôme, Carrer Alfonso XII, Eivissa, Tel. 971 31 74 56, www.dome.es. In der Altstadt, hinter dem Obstmarkt die Treppen hinauf, dann rechts. Die Drinks gibts an der langen Theke im historischen Gewölbe oder auf der Terrasse an der Burgmauer. Laute Musik und viel Betrieb.

KM5, Ctra. a San José km 5, 6 Sant Jórdi, Tel. 971 39 63 49, www.km5-lounge.com. Edler Lounge Garden mit Sitzkissen und orientalischem Ambiente.

Teatro Pereyra, Avda. de Bartomeu de Roselló 5, Eivissa, Tel. 971 30 44 32, www.teatropereyra.com. Kneipe und Jazzbar mit Livemusik in der stilvollen Kulisse eines alten Theaters.

Cafés

Croissant-Show, Mercado viejo, Plaza de la Constitución, Eivissa, Tel. 971 31 76 65. Wenn die Marktfrauen noch aufbauen, trifft sich hier das Nachtvolk ab 6 Uhr zum Frühstück. Immer voll und hektisch.

Montesol, Passeig Vara de Rey 2, Eivissa, Tel. 971 31 01 61. Von frühmorgens bis spät nachts *der* Treff für Einheimische und Touristen. Die Karte bietet Kuchen, Eis, Salate und wechselnde Tagesgerichte.

Sidney, Marina Botafoch, Eivissa, Tel. 971 19 22 43, www.cafesidney.com. Treff der Jachteigner und ihrer Entourage, die bei Cappuccino und Prosecco den neuesten Inselklatsch austauschen.

Lange muss man in Eivissa nicht suchen, um ein hübsches Straßenlokal zu finden

Ibizas Süden und Südwesten – Trubel und romantische Sonnenuntergänge

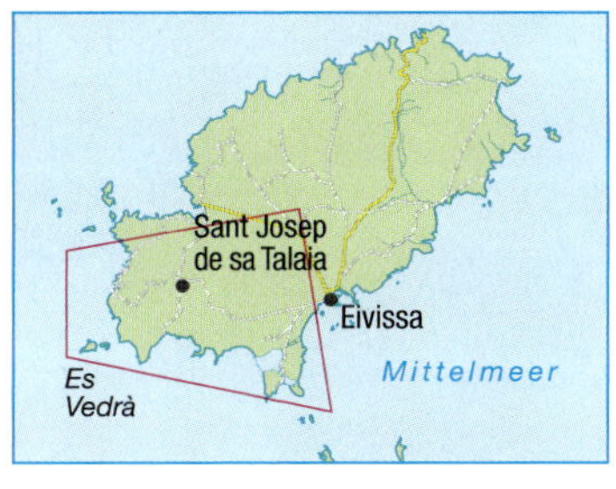

Es ist dieser Teil Ibizas, in dem einige der beliebtesten und bestbesuchten **Strände** der Insel zu finden sind: Dazu gehören **Platja d'en Bossa**, **Es Cavallet** und **Cala Vadella**, alles ideale Standortquartiere für die Partyszene, die sich in den Diskotheken des nur wenige Autominuten entfernt liegenden Eivissa die Nächte um die Ohren schlagen und sich am nächsten Tag am Strand erholen wollen. Zwar ist die Südwestküste, an der sich in weitem Bogen Hotels, Bars und Restaurants entlangziehen, während der Saison meist überlaufen, doch finden sich hier auch noch einige ruhige Badebuchten. Auf Ausflügen kann man außerdem noch ländlich geprägte Orte wie etwa **Sant Josep de sa Talaia** entdecken. Romantiker schätzen den Sonnenuntergang an der selbst in den Sommermonaten nicht überfüllten Badebucht **Cala d'Hort** und den Blick auf das geheimnisumwobene Eiland **Es Vedrà**. Und wer sich eine Pause vom Strandleben gönnen möchte, kann eine herrliche Wanderung auf den **Sa Talaia de Sant Josep**, die höchste Erhebung der Insel, unternehmen.

2 Ses Figueretes

Badeort in unmittelbarer Hauptstadt-Nähe, in dem vor allem junge Leute auf ihre Kosten kommen.

Von weitem mag die Hochhaus-Skyline des wenige Kilometer südwestlich von Eivissa gelegenen Ortes Ses Figueretes ja imposant aussehen, aus der Nähe offenbart sich die Architektur des ›ibizenkischen Manhattan‹ freilich als weniger ansprechend. Die aus den 70er- und 80er-Jahren des 20. Jh. stammenden Hotelblocks bieten nur bedingt Komfort, dafür sind die Preise günstig, und das wissen die überwiegend jüngeren Urlauber zu schätzen. Entsprechend hoch ist die Zahl der preiswerten Cafés, Restaurants, Kneipen und Supermärkte. Da es am schmalen ockerfarbenen *Sandstrand*, der sich über 400 m vor der palmenbestandenen *Promenade* entlangzieht, kaum Schatten gibt, suchen Urlauber immer wieder ein Café oder eine Bar auf, um sich vom Sonnenbaden zu erholen. Am Nachmittag bauen dann Straßenhändler ihre Stände auf. Sie bieten gebatikte Sarongs und Wickelkleider aus Bali, Ketten aus Afrika, Orangen- oder Zitronenmarmelade an.

i Praktische Hinweise

Hotels

****Mar y Playa II**, Paseo des Ses Pitiuses, Ses Figueretes, Tel. 971 30 75 52. Komfortable Apartmentanlage. Die meisten Balkonzimmer liegen um den Pool, einige auch zum Meer.

***Hostal Pitiusa**, Calle Galicia 29, Ses Figueretes, Tel. 971 30 19 05, www.hostal pitiusa.com. Das kleine Hostal liegt zwei Querstraßen (50 m) vom Strand entfernt. Die 18 Zimmer haben teilweise Terrassen oder Balkone.

Restaurant

La Piccola Fiorentina, Avda. España 69, Ses Figueretes, Tel. 971 39 22 67. Kleine preiswerte Pizzeria mit eigener Herstellung unweit des Figueretes-Strandes.

Café

Croissant-Show, Platja de Figueretes, Ses Figueretes, Tel. 971 39 28 36. Frische Buttercroissants, französisches Brot und leckerer Kuchen finden stets begeisterte Abnehmer.

Tanzende Beach Beauty – beim Klang elektronischer Rhythmen kann man sich tagsüber schon mal auf die Nacht einstimmen

Platja d'en Bossa – letzte Bastion der Blumenkinder sind Ibizas Hippiemärkte

3 Platja d'en Bossa

Ibizas längster Sandstrand.

Auch wenn hier Hochhaus-Hotel an Hochhaus-Hotel steht – der schöne, 3 km lange, helle Sandstrand Platja d'en Bossa westlich von Eivissa ist immer noch der Hit, vor allem für Urlauber aus Deutschland und Großbritannien. Dementsprechend voll ist es hier im Sommer. Damit jedem Gast Meerblick geboten werden kann, haben alle Anlagen zum Wasser hin winzige Balkons. Die Preise sind vergleichsweise niedrig, und die Infrastruktur lässt kaum etwas zu wünschen übrig. Besonders jüngere Leute schätzen das umfangreiche Angebot an Restaurants, Bars und Diskotheken. Tagsüber kann man sich in den vielen kleinen Supermärkten bestens mit Käse und Sandwiches, Obst und Wein versorgen, um damit später ein Picknick am Strand zu veranstalten. Platja d'en Bossa lockt auch zum Besuch in dem beliebten Wasservergnügungspark **Aguamar** (tgl. 10–18 Uhr) mit seinen langen Rutschen.

Am **Strand** selbst stellen die Hotels Liegestühle und Sonnenschirme bereit, gibt es Sandspielzeug für Kinder und aufblasbare Schlauchboote sowie einen Tretboot- und Jetski-Verleih. Ein wenig getrübt wird die Urlaubsfreude in Platja d'en Bossa allerdings durch den Lärm der zahlreichen Jets, die den nur wenige Kilometer entfernten Internationalen Flughafen bedienen.

Vor dem Strand liegt eine Gruppe winziger Felseninseln, die **Islas Malvinas** – hauptsächlich Ziel von Seglern, die dort bevorzugt nachmittags vor Anker gehen und den Sonnenuntergang bei kühlen Drinks und heißer Musik zelebrieren.

i Praktische Hinweise

Nachtleben

Bora Bora, Platja d'en Bossa, JET Apartments, www.boraboraibiza.net. Täglich ab 15 Uhr startet man mit Lounge-Musik und Drinks im legendären Beachclub, Fans stören sich auch nicht an den Ferienfliegern über ihren Köpfen. Um 24 Uhr ist Schluss. Wer Abkühlung braucht: Das Meer ist nah!

Murphy's Irish Pub, Platja d'en Bossa, JET Apartments, www.murphyspubibiza. com. Die irische Kneipe mit Außenterrasse zieht deutsche und britische Gäste an, denen Guinness und anderes Bier mundet, ab 22 Uhr gibt es Livemusik und Party, für Hartgesottene bis 6 Uhr morgens.

Space, Platja d'en Bossa, Tel. 971 39 67 93, www.spaceibiza.com. Mehr als einmal wurde der legendäre Club als ›Best Club of the world‹ ausgezeichnet. Hier legen die ganz Großen der DJ-Szene auf. Bekannt wurde das Space als Disko für alle, die den Tag zur Nacht machen und durchtanzen wollen. Mit dm After-Hour-Club (ab 6 Uhr) war das Space Lieblingsclub der Marathontänzer. Mittlerweile gilt für alle Clubs auf Ibiza jedoch eine Zwangspause ab 6 Uhr morgens bis mittags – und das Space ist jetzt ein fast normaler Club mit Tanzflächen im Innen- und Außenbereich. [s. S. 54, 130].

Hotels

***Torre del Mar**, Platja d'en Bossa, Tel. 971 30 30 50, www.hoteltorredelmar.com. Geschmackvoll eingerichtete Zimmer, hervorragende Lage direkt am Strand und gut ausgestatteter Sport- und Wellnessbereich.

****Club La Noria,** Calle Arguelagues, Platja d'en Bossa, Tel. 971 30 65 61, www.clublanoria-ibiza.com. 72 teilweise einfach eingerichtete Zimmer, alle mit Balkon. Mit den Gästen zweier benachbarter Apartmenthäuser teilt man sich drei Pools und eine Tennisanlage.

Restaurants

Coco Beach Bar & Restaurant, Playa Coco, Platja d'en Bossa, Tel. 971 39 58 62, www.cocobeachibiza.com. Am Ende der Platja d'en Bossa neben dem Club Med

In Platja d'en Bossas Disco Bora Bora ist bereits tagsüber der Teufel los

gelegene Strandbar mit edler mediterraner Küche (Sa/So Paella, Mo geschl.).

Crystal, Platja d'en Bossa, Tel. 971 19 90 19, www.crystalibiza.com. Das Edelrestaurant mit Lounge und Beach Club serviert Fischspezialitäten und Paella.

Lieblingsziele der Segler sind die unbewohnten Eilande Islas Malvinas vor der Platja d'en Bossa

Sant Jordi des Ses Salines: Die weißen zinnengekrönten Wehrkirchen sind typisch für die Insel

4 Sant Jordi des Ses Salines (San Jorge)

Eine wuchtige Kirche mit Schießscharten.

Zugegeben, auf den ersten Blick erscheint Sant Jordi des Ses Salines nicht besonders reizvoll, denn häufig quälen sich Autoschlangen durch die enge Hauptstraße. Zudem ist die zwischen der Hauptstadt und dem Flughafen gelegene Stadt (8000 Einw.) mittlerweile mit den Hotelhochhäusern und der Infrastruktur der Platja d'en Bossa zusammengewachsen.

TOP TIPP Doch der Ort besitzt mit der eindrucksvollen Wehrkirche **Esglèsia de Sant Jordi** eine besondere Sehenswürdigkeit. Schon im 15. Jh. existierte an dieser Stelle eine Kapelle, die den Salinenarbeitern der Region als Rückzugsort bei Piratenüberfällen diente. Genau datieren lässt sich die weiß getünchte Kirche mit dem kleinen offenen Glockenstuhl und der dreibogigen Vorhalle nicht. Ein Dokument aus jener Zeit belegt jedoch, dass mit dem Bau vor 1577 begonnen wurde. Die Seitenkapellen wurden im 18. Jh. hinzugefügt. Den trutzigen Charakter des Baus unterstreichen die schießschartenartigen Fenster und die dicken, nach innen geneigten Wände, die Dachzinnen und die Festungsmauer um die Kirche. Das mehrtägige **Patronatsfest** zu Ehren des Schutzheiligen San Jorge (St. Georg) wird jedes Jahr um den 23. April herum gefeiert, pünktlich zu entsprechenden Namenstag.

ℹ Praktische Hinweise

Markt

Hipódromo de Sant Jordi, am Ortsrand von Sant Jordi. Samstags trifft man sich hier zum Flohmarkt (9–15 Uhr), sonntags zum Pferdetrabrennen.

5 Torre de Ses Portes

Ein mächtiger Wehrturm bewacht hier die Südküste.

Südlich der nur aus wenigen Häusern und einer Kirche bestehenden Ortschaft Sant Francesc de S'Estany markiert der weithin sichtbare Torre de Ses Portes den südlichsten Punkt der Insel. Der mächtige Wehrturm stammt aus dem 16. Jh. Dieser sowie die Landzunge, auf der er sich erhebt, verdanken ihren Namen mehreren kleineren Inseln, zwischen denen sich die Schiffe in Richtung Formentera wie durch verschiedene Türen (= *Portes*) hindurchschlängeln müssen. Der zweistöckige Bau selbst diente ursprünglich als Wachturm zum Schutz der Fischer, die in den hiesigen Gewässern auf Thunfischjagd gingen und stets mit Piratenüberfällen zu rechnen hatten. 1750 wurde die Anlage ausgebaut und mit Kanonen bestückt, das Dach diente fortan als Verteidigungsplattform.

6 Platja d'Es Cavallet

Strandflirt und süßes Leben zwischen Sanddünen und Pinienhainen.

Der Strand Platja d'Es Cavallet ist ein beliebter Szenetreff. Hier trifft sich ein vornehmlich junges Publikum, um zu sehen und gesehen zu werden. Man spielt Beachvolleyball – gern auch ohne störende Textilien, denn Es Cavallet ist offizieller **FKK-Strand** – oder relaxt mit Blick aufs Meer und gönnt sich dann in einer der zahlreichen schicken Strandbars eine Erfrischung. Auch landschaftlich ist der im Süden der Landzunge Ses Portes gelegene Sandstrand ein Schmuckstück: Schatten spendende Pinienhaine ziehen sich bis nahe ans Wasser, das verführerisch in allen nur erdenklichen Türkistönen schimmert. Das Schönste sind jedoch die weißen **Sanddünen** mit dem dazugehörigen Puderzuckerstrand. Nur wenige Badeurlauber kommen wirklich zum Schwimmen an diesen Küstenabschnitt. Das Meer gebärdet sich hier allerdings auch recht rau und türmt bei Ost wind hohe Wellen auf, die wiederum erfahrene Windsurfer in helle Begeisterung versetzen können.

Traumhaft: die Platja d'Es Cavallet mit Puderzuckersandstrand, blauem Himmel und Meer

i Praktische Hinweise

Restaurants

Chiringay, Platja d'Es Cavallet, Tel. 971 18 74 29, www.chiringay.com. Diese Bar, die auch gute Fischgerichte serviert, ist ein beliebter Treffpunkt – besonders der Schwulenszene.

Chiringuito, Platja d'Es Cavallet, direkt am Strand, Tel. 971 39 53 55, www.elchiringuitoibiza.com. *Die* Adresse für Fischliebhaber, die gerne im stilvollen Ambiente speisen möchten.

La Escollera, Platja d'Es Cavallet, Tel. 971 39 65 72. Die Korbstühle und Tische direkt am Strand sind heiß begehrt. Bei weißer Sangria und köstlicher Paella plant man den weiteren Verlauf des Tages (im Winter nur mittags geöffnet).

7 Ses Salines (Las Salinas)

Faszinierende Salinenlandschaft und herrliche Strände.

Dass Ibiza mehr zu bieten hat als exzessive Partynächte, beweist ein Ausflug in den Südwesten der Insel. Fernab vom Partytrubel des nahen Eivissa gibt es schon seit Jahrhunderten eine faszinierende Salinenlandschaft. Bereits die Phönizier begannen mit der Salzgewinnung

Schnee auf Ibiza? – In gleißendem Weiß präsentieren sich die Salzberge von Ses Salines

aus dem Meer, und an ihrer Methode hat sich bis heute nichts Wesentliches geändert: Das Meerwasser wird in die sogenannte Salzpfannen geleitet. Dort verdunstet das Nass allmählich über einen Zeitraum von mehreren Monaten, und schließlich bildet sich eine dicke Salzkruste. Das ›weiße Gold‹ wird anschließend mit Schaufelbaggern zu Hügeln aufgetürmt und dann über Fließbänder zum nahe gelegenen Hafen Sa Canal transportiert, von wo aus es per Frachtschiff vorwiegend nach Skandinavien exportiert wird.

Heute sind Les Salines überwiegend **Naturschutzgebiet** (Parc natural de ses Salines d'Eivissa), in dem zahlreiche Vogelarten leben. Vor allem im zeitigen Frühjahr und im Herbst kann man riesige Vogelschwärme am Himmel vorüberziehen sehen. Nicht minder faszinierend ist im Winter der Anblick der rosafarbenen Flamingos, die durch die Feuchtgebiete stolzieren. Und in den Dünen von Ses Salines tummeln sich sogar vom Aussterben bedrohte Eidechsenarten, kleine, nur auf den Pityusen lebende Echsen mit kobaltblauem Bauch und korallenroten Flanken. Auf dem sandigen Boden wächst die weiß blühende, auf Ibiza endemische Meeresnarzisse zu stattlichen Büschen bis 1,5 m Höhe heran.

Nichtsdestotrotz werden in den Salinen immer noch jährlich an die 70 000 Tonnen Salz aus Meerwasser gewonnen. Die Produktion geht heute größtenteils nach Nordeuropa, wo das Salz unter anderem zum Pökeln von Fisch verwendet wird. In kleinen Mengen wird das mineralstoffreiche Natursalz außerdem für die europäische Küche aufbereitet. Die Raffinerie **Sal de Ibiza** (www.saldeibiza.com) hat sich auf Meersalz aus dem Naturschutzgebiet spezialisiert. Hübsch verpackt im türkisblauen Tontöpfchen und mit Porzellanlöffel, sind ihre überall erhältlichen Produkte ein wunderbares Mitbringsel für daheim.

In diesem Teil der Insel verbinden sich Naturschutz und Strandleben aufs Schönste. Ein absoluter Szenestrand ist die **Platja de Ses Salines** (auch *Platja Migjorn* genannt), wo vor türkisfarbenem Wasser Beachbars wie das Malibu oder der Jockey Club Stars und Sternchen anziehen. Vom Parkplatz aus führen Holzstege durch einen Kieferngürtel an dem beliebten Sandstrand. Hinter der Strandlinie reihen sich zahlreiche Restaurants und Beach Bars auf. Sonnenanbeter können sich so richtig verwöhnen lassen, denn Drinks und Salate werden direkt zu den Liegestühlen gebracht. Je weiter man entlang der Küste (über teilweise felsiges Terrain) in Richtung der östlich angrenzenden Landspitze Ses Portes mit ihrem historischen Wachturm läuft, desto ruhiger wird es. Dieser Bereich ist vor allem bei jungen Leuten und bei FKK-Fans beliebt.

ℹ Praktische Hinweise

Unterkunft

***Hostal Mar y Sal**, Platja de Ses Salines, Tel. 971 39 65 84. Preisgünstige, sympathisch geführte Pension in Strandnähe.

Beach Life

Jockey Club, Platja de Ses Salines, Tel. 971 39 57 88, www.jockeyclubibiza.com. Eine Klasse für sich, wunderbar für einen Sonntagnachmittag mit Massage am Strand geeignet. Beste Aussicht auf Promis, Inselschönheiten und das Meer.

Sa Trinxa, Platja de Ses Salines, Tel. 637 82 61 83, www.satrinxa.com. Die letzte in der Reihe der Strandbars verströmt Althippie-Flair. Bis 21 Uhr werden neben Drinks und Snacks auch Meeresfrüchte, Fisch und Salate serviert.

Restaurants

Guaraná, Platja de Ses Salines, Tel. 971 39 54 44, www.guarana-salinas.com. Hier speist man mit Blick auf Strand und Meer. Der Hit sind die Calamares.

Ein Urlaubsparadies – ein beliebter Badestrand Ibizas ist die Platja de Ses Salines

Malibu, Platja de Ses Salines, Tel. 971 30 65 80. In dem hochpreisigen Fischlokal sollte man die *Mariscada* (Meeresfrüchte) oder die *Caldereta de Langosta*, einen pikanten Langusteneintopf, kosten. Unbedingt reservieren.

Wellness am Wasser

Erst feiern, dann chillen: Wellness und Erholung werden auf Ibiza groß geschrieben. Zum Beispiel am Szenestrand Platja de Ses Salines – dort sorgen im luxuriösen **Jockey Club** [s. S. 41] freundliche Masseure und sanfte Lounge-Musik für Entspannung. Und an der Cala Jondal finden Langschläfer im **Blue Marlin** Holzbetten im Sand und Frühstück bis in den Nachmittag. Wunderbar relaxen lässt sich auch bei Santa Eulària direkt am Kliff: Unter weißen Sonnensegeln und mit grandiosen Blick übers Meer kommt im **Babylon Club** [s. S. 68] Stress gar nicht erst auf. ›Wellness to go‹ versprechen die **Ibiza Angels**: Die Massage-Girls mit den weißen Tanktops sind an den Stränden und in den Clubs der Insel unterwegs. Wer möchte, erhält eine siebenminütige Instant-Massage an Hals, Nacken und Kopf. Über den Preis entscheidet der Kunde – jeder gibt, so viel er möchte: www.ibizaangels.com.

8 Sa Caleta

Heimat der ersten phönizischen Siedler.

Auf der Landzunge Mola de Sa Caleta, die in die Bucht von Sa Caleta hineinragt (über die Straße von Eivissa Richtung Flughafen zu erreichen), machten Archäologen und Studenten der Universität von Palma de Mallorca im Jahre 1978 eine bedeutende Entdeckung. Auf einem Plateau über der Felsenbucht stießen sie auf die Überreste einer mehr als zwei Jahrtausende alten Siedlung. Vermutlich war die Stätte 654 v. Chr. von *Phöniziern* im Zuge ihrer Suche nach neuen Handelszentren gegründet worden. Schätzungen zufolge sollen hier auf einem Areal von 4–5 ha bis zu 800 Menschen gelebt haben. Ausgegraben wurden Gerätschaften, die wahrscheinlich zum Weben, Fischfang und Brotbacken dienten, sowie Überreste von Hochöfen, die man zur Herstellung von Eisenerz benutzte. Das verwundert nicht, denn man weiß, dass

die Seeleute auf der Suche nach Metallen vom Süden der Iberischen Halbinsel her nach Ibiza gekommen waren.

Wer diese wohl älteste phönizische Siedlung auf Ibiza besucht, wird hier nur wenige spärliche Ruinen vorfinden. Bislang sind lediglich einige Mauerreste zu sehen. Das Areal wurde im Jahr 1999 in die UNESCO-Welterbe-Liste aufgenommen. Durch weitere Ausgrabungen wurden die übrigen, bisher im Erdreich verborgenen Häuser der Stadt freigelegt. Diese waren durch unregelmäßig verlaufende Straßen miteinander verbunden. Die Bewohner lebten vornehmlich von den Erträgen aus Ackerbau, Fischfang und Salzgewinnung.

In dem zwischen Nadelbäumen, Rosmarin und Mastix gelegenen Grabungsareal haben die Archäologen die Grundmauern von mehreren Häusern unterschiedlicher Größe freigelegt, darunter eines mit sieben Zimmern. Die Gebäude standen eng beieinander, die Gassen dazwischen waren offenbar schmal und kurz. Außerdem gab es eine Art Forum, an dem auch der öffentliche Brotbackofen stand. Sa Caleta war nur ungefähr 60 Jahre lang bewohnt. Dann verlegten die Siedler ihren Wohnsitz an die Stelle des heutigen Eivissa, da es dort ein großes, geschütztes Hafenbecken gab.

Vom Sa-Caleta-Plateau fällt das Gelände als Steilküste mit rötlichbraunen Klippen zum Meer hin ab. Dort öffnet sich der kleine, schmale Kiesel- und Sand-strand **Platja de Sa Caleta** mit seinen Fischerbooten und Bootsschuppen, von denen einige in Strandhäuser umgewandelt wurden.

An manchen Sommertagen ist der Caleta-Strand etwas überlaufen. Dann weicht man besser zur östlich anschließenden **Platja des Codolar** aus. Sie ist weniger besucht, besitzt aber auch einige Kiesabschnitte.

9 Es Cubells

Von jedem Haus aus bietet sich ein fantastischer Meerblick.

Über die von Sant Josep gen Süden führende Straße PMV 8031 erreicht man das kleine, oberhalb der Cala des Cubells gelegene Dorf Es Cubells. Autofahrer sollten sich nicht durch die kurvenreiche Anfahrt abschrecken lassen, belohnt der Ort doch mit der Kulisse einer eindrucksvollen Klippenlandschaft und der pittoresken Panoramasicht die Küste entlang bis hinunter zum **Cap Llentrisca**. Viele der verstreut liegenden weißen Häuser sind malerisch umrankt von Bougainvillea und Weinreben. Auf den Hügeln erblickt man zwischen Zypressen und Johannisbrotbäumen die Prachtvillen spanischer Geschäftsleute. Hier und da glitzert ein Swimmingpool verführerisch in der mediterranen Bilderbuchlandschaft. Eine enge Straße führt vom Orts-

Ein Werk von Wasser und Wind – die steil abfallenden rötlichbraunen Klippen geben der intimen Platja Caleta ihre ganz besondere Note

westlich schließt sich die **Platja de Ses Boques** an, die nur teilweise über Sandabschnitte verfügt.

ℹ Praktische Hinweise

Restaurants

Llumbi, Es Cubells, Tel. 971 80 21 28. Spezialitäten sind köstliche Garnelen vom Holzkohlengrill und selbst gemachte Kartoffelchips. Auch verwöhnte Jetseter und Models genießen die urige und unprätentiöse Atmosphäre (tgl. bis 23 Uhr).

Ses Boques, Platja de Ses Boques. Das vor allem von Einheimischen gern besuchte Fischrestaurant hat eine schöne Terrasse direkt am Meer.

zentrum hinunter zur 300 m langen und bis zu 10 m breiten **Platja des Cubells**, die aus drei kleineren Strandabschnitten besteht. Unter der Woche ist man hier häufig sozusagen allein. Unmittelbar süd-

Eine der teuersten Wohngegenden – Traumvillen prägen das Panorama der Küsten-Klippenlandschaft bei Es Cubells

10 Es Vedrà und Es Vedranell

Inselchen mit Mythen und Legenden.

Ein Traummotiv für Fotografen bietet sich, wenn die niedrig stehende Sonne in den Wintermonaten die Inseln Es Vedrà und Es Vedranell vor der Südwestküste von Ibiza in rot glühendes Licht taucht.

Die beiden Felseneilande sind *Naturschutzgebiete*, Lebensraum für Kormorane und Basstölpel ebenso wie für eine spezielle Eidechsenart mit blauem Bauch und gelbem Rücken, die auf **Es Vedrà** endemisch ist. 382 m ragt der höchste Felsen der gut 0,5 km^2 kleinen Insel aus dem Meer. Es gibt keine Süßwasserquellen, die einzigen Bewohner sind wilde Ziegen, die hier von einem in Askese lebenden Mönch angesiedelt wurden und heute in kleinen Herden über die Insel ziehen. Bis heute werden sie von einigen Naturfreunden regelmäßig versorgt.

Zahlreichen Mythen und Sagen diente Es Vedrà, einer der geheimnisumwobensten Orte der Balearen, als Quelle der Inspiration. So soll die Insel einst Wohnort der Sirenen gewesen sein, die Homers ›Odyssee‹ zufolge Seeleute durch ihren Gesang so betörten, dass diese alles andere vergaßen und ihre steuerlosen Schiffe an den Riffen zerschellten. Es Vedrà, so heißt es auch, sei die Spitze der versunkenen Stadt Atlantis. Esoterikern

Um die kleinen Felseninseln Es Vedranell (vorne) und Es Vedrà ranken sich viele Legenden

gilt das Eiland als Kraftort, als Stätte, an der sie sich in Einklang mit der Natur und sich selbst befinden. Auch Mike Oldfield war vom magischen Zauber Es Vedràs gefesselt. Der bekannte Musiker und Komponist hat lange in Cala d'Hort [Nr.11] mit Blick auf die Insel gewohnt und versichert, sie habe ihn zur Komposition seiner mystischen ›Tubular Bells‹ angeregt. Ihr Bild ziert sogar das Cover der CD ›Tubular Bells III‹.

Jeden Sonntag können Besucher von Cala d'Hort aus mit dem *Fährboot* in wenigen Minuten zur Insel übersetzen, zur Vogelbeobachtung oder für eine angenehm erfrischenden Schnorchelpartie im Meer, um die ibizenkische Unterwasserwelt zu erkunden. Bei der Überfahrt erzählt der Steuermann vielleicht eine der Legenden, etwa, dass Es Vedrà ein Orientierungspunkt für UFOs sei.

Auf der benachbarten kleineren Felseninsel **Es Vedranell**, die man per gemietetem Boot erreicht, hatten Bauern ebenfalls versucht, Ziegen auszusetzen. Die Tiere blieben allerdings immer nur kurze Zeit am Leben – für Esoteriker ein Hinweis darauf, dass dieser Insel jene lebenspendende Energiequelle fehle, wie sie auf Es Vedrà vorhanden sei. Die bunte Unterwasserwelt kann man auch hier schnorchelnd gut erforschen.

11 Cala d'Hort

Ein herrlicher Strand mit malerischer Felskulisse.

Feiner Sand, durchsetzt mit großen Felsen: Vielen gilt die Cala d'Hort als einer der schönsten Strände der Insel. Einzigartig ist von hier aus der Blick auf die vorgelagerten Inseln Es Vedrà und Es Vedranell. In den frühen Morgenstunden und am Abend, wenn die Sonne den Felskoloss Es Vedrà in voller Schönheit präsentiert, sieht man in der Bucht häufig Urlauber beim Meditieren.

Die Cala d'Hort ist bequem über eine asphaltierte Straße zu erreichen. Da Parkplätze jedoch Mangelware sind, lässt man den Wagen besser bei den Klippen am Südende der Bucht stehen. Der rund 200 m lange feinkörnige Strand ist von pinienbewachsenen Felsformationen gesäumt, in denen die seltenen Eleonorenfalken nisten. Familien mit kleineren Kindern schätzen an der Badebucht den sanft abfallenden Meeresboden. Jet- und Wasserskifans ziehen vor der Küste ihre Kreise, und immer ist ein Volleyball-Spiel in Gange. Unter Wasser finden sich zudem auch größere Felsengruppen, in deren Bereich sich gut schnorcheln lässt.

Sonntags sollte nur in die Bucht kommen, wer zum vorgelagerten Felseiland Es Vedrà hinausfahren will, denn an diesem Tag ist der Strand in der Regel hoffnungslos überfüllt.

1 km entfernt liegt rechts der Straße nach Cala Vadella die archäologische Stätte **Ses Païsses**. Im Jahr 1917 wurden hier die Überreste einer punisch-römischen Siedlung aus der Zeit zwischen dem 5. Jh.v.Chr. und dem 7. Jh.n.Chr. entdeckt. Bei den Grabungsarbeiten in den 1980er-Jahren kamen Gebäudereste und eine kleine Nekropole mit 20 in den Fels geschlagenen Grabkammern, Teile einer Öl- und einer Getreidemühle sowie eine Zisterne und die Reste zweier byzantinischer Gräber zutage.

Südlich der Cala d'Hort (von der Straße nach Sant Josep führt 2 km vor der Bucht ein steiler Fußweg westwärts) ragt auf einer vorspringenden Felsnase 200 m über dem Meer der **Torre d'en Pirata** (auch *Torre des Savinar*) in die Höhe. Dieser gut erhaltene Wachturm aus dem 16. Jh., der einst zur Piratenabwehr diente, bietet einen fantastischen Blick auf das Meer und die Insel Es Vedrà.

i Praktische Hinweise

Restaurant

Es Boldado, Cala d'Hort, Tel. 626 49 45 37, www.restauranteboldado.com. Wie ein Vogelnest hängt die Terrasse des Lokals mit maritimem Dekor an der Steilküste. Zu essen gibt es leckere Paella und Fisch.

Die punisch-römische Siedlung Ses Païsses mit ihrer kleinen Nekropole bei Cala d'Hort

12 Cala Vadella

*Feriendorf und Strand mit hervor-
ragender touristischer Infrastruktur.*

Wenn an der Cala Vadella die rote Sonne im Meer versinkt, dann schimmern die bunten Häuser des alten Fischerdorfes in nahezu märchenhaftem Licht. In dem geschützten Naturhafen ankern heute Fischerboote und Jachten friedlich nebeneinander. Um die Bucht ziehen sich Hotels, Bars und Restaurants zuhauf, und auch die kleine Ortschaft hat sich architektonisch auf die Bedürfnisse der Touristen eingestellt. Der etwa 300 m lange und bis zu 100 m breite *Strand* mit seinem feinen weißen Sand ist während der Saison fast rund um die Uhr belagert. Vor allem Wassersportler finden hier Traumgefilde für diverse Sportarten vor.

Praktische Hinweise

Sport
Club Aquanautic, Platja de Cala Vadella, Tel. 971 80 87 94, www.don-rolando-diving.de. Ibizas älteste Tauchschule.

Hotels
****Village**, Caló d'en Real, Cala Vadella, Tel. 971 80 80 01, www.hotel-village-ibiza.com. Zwischen Cala Molí und Cala Tarida gelegen mit großem Sportangebot. Meerblick von den meisten Zimmern.

****Vadella Pueblo**, Calle Calviá, Cala Vadella, Tel. 971 80 80 70, www.vadella.de. 80 Zimmer und Studios im Pueblo-Stil mit mehreren Pools und Tennisplatz.

Restaurant
Maria Luisa, Cala Vadella, Tel. 971 80 80 12, www.marialuisa.es. Das Restaurant liegt direkt am Strand, teils unter schattigen Bäumen. Serviert wird spanische Küche mit Meeresfrüchten und Fischgerichten.

13 Cala Molí

Kleine Bucht für Naturfreunde.

Die über die Cala Vadella zu erreichende halbmondförmige Bucht, die von steilen Felsklippen gerahmt wird, bietet einen herrlichen Blick auf die üppig grüne mediterrane Landschaft und das vorgelagerte winzige Felseneiland *S'Espartar*. Bis an den kleinen Strand heran reichen die Kiefern und Pinien und spenden natürlichen Schatten. Wildkräuter verströmen einen aromatischen Duft. In den Morgenstunden herrscht hier idyllische Ruhe. Erst später am Tag wird es voller, dann strömen vor allem Familien mit kleinen Kindern herbei, die den ganz flach ins Meer abfallenden Strand aus grobem Sand, Kieseln und Fels lieben. Im Nu vergeht der Tag mit Sonnenbaden und Schnor-

Total entspannt – an der kleinen Naturbucht Cala Molí kann man gut abschalten

Hier hat ein Baulöwe seine Spuren hinterlassen – Hotelanlage in der Cala Tarida

cheln, Tretbootfahren, Schwimmen und Windsurfen. Zwischendurch sucht man Schatten an der Strandbar und bestellt ein paar leckere Kleinigkeiten.

ℹ Praktische Hinweise

Hotel

***** Hostal Cala Molí**, Ctra. de Cala Vadella a Cala Molí, Tel. 971 80 60 02, www.calamoli.com. Kleines Gästehaus unter Schweizer Führung mit Pool abseits des Strandes (Fußweg) und Restaurantterrasse mit Meerblick.

14 Cala Tarida

Trubel am weißen Sandstrand.

Früh am Morgen kommt fast ein wenig Karibik-Atmosphäre auf, wenn die Meereswellen sanft an den weißen, bis zu 30 m breiten Sandstrand plätschern, das Wasser kristallklar schimmert und weiter draußen eine türkis- bis aquamarinblaue Färbung annimmt. Doch wer dann die Blickrichtung ändert, sieht, dass die Bucht dicht bebaut ist. Die Cala Tarida mit ihrem vielfältigen touristischen Angebot gehört schließlich zu den beliebtesten Plätzen der Insel. Dies resultiert nicht zuletzt aus ihrer geschützten Lage, die es

kleinen wie großen Urlaubern erlaubt, gefahrlos zu schwimmen oder sich im Windsurfen oder Segeln zu versuchen. Dementsprechend ist es hier häufig überfüllt, auch wenn es keinen natürlichen Schatten gibt. Die Hotels bieten alle Arten von Wassersport, darunter auch Surf- und Wasserskiunterricht, an.

ℹ Praktische Hinweise

Restaurants

Cas Mila, Cala Tarida, Tel. 971 80 61 93, www.restaurantecasmila.com. Viele Fischgerichte stehen auf der Speisekarte, Spezialitäten sind Langusten und Paella.

Rincón de Bernie, Plaza del Mar 1, Cala Tarida, Tel. 971 80 64 45. Spanische und deutsche Küche mit Fisch- und Fleischspezialitäten (tgl. ab 18 Uhr), So ab 12 Uhr Brunch, Do ab 19 Uhr preiswertes Buffet.

15 Sant Josep de sa Talaia (San José de Atalaya)

Lokales Brauchtum in ländlicher Umgebung.

Sant Josep, der südlichste und mit 18 000 Einwohnern größte Gemeindebezirk Ibizas, zählt gleichzeitig auch zu den reichs-

Wandern auf Ibiza

Das Klischee sagt: Wer nach Ibiza kommt, will am Strand abhängen oder Party machen. Und für die Mehrheit der Inselbesucher stimmt das wahrscheinlich sogar. Aber Ibiza hat auch eine stille Seite – und die wird in der jüngsten Zeit entdeckt. Denn allmählich etabliert sich auf Ibiza eine **Wanderszene**. Wege gibt es genug: Nur wenige Kilometer abseits der Touristenzentren bietet die Baleareninsel kühle Pinienwälder und verträumte Dörfer, Olivenhaine, romantische Buchten und wilde Steilküsten. Und dorthin geht es nur per pedes.

Tatsächlich gibt es auf Ibiza – im Verhältnis zu seiner geringen Größe – eine erstaunliche Zahl an reizvollen Wanderwegen. Viele dieser Routen sind offiziell ausgewiesen, aber mit einer guten Beschilderung sollte man nicht rechnen. Ibizas versteckte Pfade muss man entdecken lernen.

Einer der Pioniere dieses Handwerks ist **Hans Losse**. Der pensionierte Lehrer aus der Nähe von Hamburg streift seit 30 Jahren über die Insel und hat sie als Wanderdestination für sich und andere entdeckt. Er kennt jeden Weg und jeden Steg. Zumeist hat er sie selbst erkundet, mit roten Strichen markiert und in drei Büchern beschrieben, die leider fast nur noch antiquarisch zu haben sind. Online aber gibt es das Wichtigste zu lesen: Das Netzwerk www.weitwandern.de etwa bietet einen guten Überblick plus Tourentipps von Losse.

Auf den Pfaden, die Losse beschreibt, waren früher nur Bauern und Holzfäller unterwegs. Sie sind über das ganze Eiland verteilt, zwischen 5 und 15 Kilometer lang und weisen keinen besonderen Schwierigkeitsgrad auf. Doch sie beweisen, dass Ibiza neben Partykultur einen beträchtlichen Naturreichtum zu bieten hat.

Ein Muss für Ibiza-Wanderer ist der Aufstieg auf den höchsten Berg der Insel, den **Sa Talaia**. Mit seinen 475 Metern Höhe ist er eigentlich nur ein Hügel. Aber einer mit toller Aussicht – der Panoramablick reicht über fast die ganze Insel. Der 14 Kilometer lange Weg hinauf beginnt und endet in **Sant Josep de sa Talaia** – gegenüber der Kirche führt eine Treppe zum ausgeschilderten Weg. Der beansprucht gut drei Stunden reine Laufzeit und ist bis auf einen kurzen, steilen Anstieg eine bequeme Tour durch blühende Gärten und grüne Pinienwälder. Unterwegs geben die Bäume den Blick frei auf die Buchten der Südküste, den Urlauberort San Antoni und die Nachbarinsel Formentera. Der Gipfel selbst ist nach knapp anderthalb Stunden erreicht und liegt auf einer rauen Kammstraße – ein kleines Monument markiert dort den höchsten Punkt Ibizas.

Seit einigen Jahren hat Hans Losse außerdem auf 241 Kilometern eine komplette **Rundwanderung** um die Insel erschlossen. Sein Tipp: »Wer diese Wanderung ganz oder in Etappen nachgehen möchte, sollte sich auf der Insel morgens zum Ausgangspunkt fahren und am Nachmittag wieder abholen lassen.« Für Hin- und Rückfahrt kann man auch ein Taxi ordern [s. S. 135].

ten. Auch wenn man beim Anblick der vielen landwirtschaftlich genutzten Flächen, auf denen Kartoffeln und Tomaten, Orangen- und Mandelbäume wachsen, den Eindruck gewinnt, dieser Teil der Insel sei in erster Linie bäuerlich geprägt, spielt der Fremdenverkehr doch auch hier die dominierende Rolle. Über die Hälfte aller Hotelbetten Ibizas findet man in dieser Region, und ein Großteil der Bevölkerung ist direkt oder indirekt im Tourismusgewerbe tätig.

TOP TIPP Hauptort des Bezirks ist das hübsche Dörfchen **Sant Josep** (3000 Einw.), das sich malerisch zu Füßen des höchsten Inselberges, des **Sa Talaia** (475 m), ausbreitet. Zwar kann man mit dem Auto fast bis zu seinem Gipfel fahren, doch ist eine Wanderung hinauf viel reizvoller – und sportlicher [s. S. 48]. Unterwegs genießt man herrliche Ausblicke über die Insel. In den höheren Lagen, wo es bereits einige Grad kälter ist, offenbart sich ein Wechsel der Vegetation. Prägten bisher Phönizischer Wacholder und Pinien das Bild der Landschaft, trifft man weiter oben, in der Gipfelregion auf Hochebenen und Wiesen.

Wer etwas Glück hat, erspäht vielleicht einen **Eleonorenfalken** (*Falco eleonorae*). Der etwa 40 cm große Vogel hat einen grau-schwarzen Rücken und eine meist helle gelbliche Brust. Seine Flügelspannweite beträgt bis zu 90 cm. Die eleganten Greifvögel sind Weitstreckenzieher, das heißt, sie brüten im Juli im Mittelmeerraum, auf den Kanarischen Inseln, im Westen Afrikas und in der Ägäis, vor Winteranbruch machen sie dann auf den Weg ins rund 8000 km entfernte Madagaskar.

Nach der Rückkehr von der Wanderung sollte man in Sant Josep unbedingt die strahlend weiße **Esglèsia de Sant Josep**, die Pfarrkirche des Ortes, besuchen. Der für Ibiza so typische festungsartige Bau von 1731 mit der eleganten dreibogigen Vorhalle, dem *Porxo*, zählt zu den bedeutendsten Gotteshäusern der Insel. Bemerkenswert ist der üppig dekorierte *Barockaltar* im Inneren. Die dazugehörige Statue des San José stammt von dem mallorquinischen Künstler Pere Ferro Bosch. Die *Holzkanzel* aus dem Jahr 1763 ist geschnitzt und mit Mysteriendarstellungen bemalt. Die Wände des Kirchenschiffes sind mit Zierkacheln verkleidet und die gewölbte Decke präsentiert sich mit aufwendigem Schnitzwerk in Holz. Sehenswert sind auch die bunten *Glasfenster*, auf denen u.a. die ›Anbetung der Hirten‹ zu sehen ist. In der Vorhalle, auf der rechten Seite, erblickt man eine stilisierte Darstellung des Golgatha-Hügels mit drei Kreuzen über dem Türsturz.

Die blumengeschmückte **Plaça Sant Josep** (oder *Plaça d'Esglèsia*) mit ihrem

Die hölzerne Kanzel aus dem Jahr 1763 ist ...

1000-jährigen Olivenbaum ist wirklich ein hübsches Fleckchen und gehört zu den romantischsten Plätzen der Insel: Ein kleiner Brunnen plätschert, Bänke laden zu einer Pause, Kunsthandwerksläden

... eines der Schmuckstücke in der imposanten Wehrkirche Esglèsia de Sant Josep

Bella-Italia-Feeling wie in den 1950er-Jahren – mit der Vespa durch Sant Josep de sa Talaia

und Boutiquen zum Bummeln ein. Zu verdanken ist die ansprechende Gestaltung mehrerer Architekten, die sich 1984 zur Gruppe TEHP zusammenschlossen, um mit ihren Projekten die ibizenkische Bautradition wiederzubeleben. Für Erfrischungen während des Spaziergangs empfehlen sich z.B. die Bar Racó Verd [s. u.] und das besonders bei den Bewoh-

Stets blumengeschmückt präsentiert sich die kleine Kapelle auf dem Puig d'en Serra

nern beliebte Lokal Bernat Vinya [s. u.], in dem auch einfache spanische Gerichte wie *Ensaladilla rusa* (eine Art Kartoffelsalat) und *Tortilla Española* (Kartoffelomelette) serviert werden. Dazu gibt es würzig eingelegte Oliven, Graubrot und herben offenen Rotwein. Besonders groß ist der Andrang am Sonntag nach dem Kirchgang, wenn sich die Herren des Ortes nach guter alter Tradition hier zum Frühschoppen einfinden.

Sant Josep gilt als besonders traditionsreich. So findet im Dorf alljährlich am 19. März das **Patronatsfest** zu Ehren des San José statt. Feierlicher Höhepunkt ist eine Prozession von der Pfarrkirche zu einer kleinen Kapelle auf dem 2,5 km östlich gelegenen Hügel **Puig d'en Serra**, wo dann die Messe zelebriert wird. Bei Musik und Tanz, Wein und Käse dauern die Feierlichkeiten in Sant Josep noch bis tief in die Nacht hinein. Für den, der im März nicht dabei sein kann: In Sant Josep hat man den ganzen Sommer über Gelegenheit, traditionelle Tänze zu sehen. Denn das Dorf ist inselweit bekannt für seine Volkstanzgruppen, die **Colles de Ball Pagès**. Die Frauen zeigen sich dabei in alten, prächtig bestickten Trachten, mit Kopftüchern und üppigem Geschmeide, dicken Halsketten und einem Taler, der *Joia*, dessen eine Seite Maria, die andere Christus zeigt. Die männlichen Mitglieder der Tanzgruppe tragen weiße Leinenhosen und Hemden sowie eine schwarze Weste mit Silberknöpfen und rote Hüte. Vermutlich gehen die uralten ibizenkischen Volkstänze sogar auf phönizische Fruchtbarkeitsrituale zurück. Bei den regelmäßig während der Saison für Touristengruppen arrangierten Veranstaltungen, die auf dem Dorfplatz stattfinden, kann man sich von der Schönheit und Eleganz der auf kurzen und schnellen Schrittfolgen basierenden Tänze überzeugen.

ℹ Praktische Hinweise

Information

Oficina d'Informació i Turisme (OIT), Plaça d' Església, Sant Josep de sa Talaia, Tel. 971 80 16 27, www.santjosep.biz

Bus

Plaça d'Església. Regelmäßige Verbindungen mit Eivissa und Sant Antoni.

Einkaufen

Artesanía Ca Vostra, Carrer Pere Escanellas 49, Sant Josep, Tel. 971 80 00 47. In dem Geschäft an der Hauptstraße gegenüber der Kirche kann man sich an der Vielfalt mediterraner Töpferkunst erfreuen. Günstige Preise.

Nachtleben

KM5, Carretera Sant Josep, Tel. 971 39 63 49, www.km5-lounge.com. Arabische Zelte stehen in einem weitläufigen Garten: Das KM5 wendet sich mit seinem Konzept im Lounge-Stil an nachthungrige Menschen, die keine Lust mehr auf Party haben, sondern auf Club-Atmosphäre und sehr gutes Essen.

Hotels

******Can Xuxu**, Avinguada de la Cala Tarida, Sant Josep, Tel. 971 80 15 84, www.canxuxu.com. Klein-Bali auf Ibiza: Inhaber Alexandre Narakas ließ für das Familienanwesen Teehäuser aus Java anliefern und ergänzte sie mit Day-Lounge-Betten, fernöstlichem Flair und tropischem Garten. Das Frühstück wird an der Poolbar serviert – wo man auch herrlich den ganzen Tag verbummeln kann.

*****Los Jardines de Palerm**, Can Pujol d'en Cardona, Ctra. Sant Josep a Es Cubells, Sant Josep, Tel. 971 80 03 18, www.jardinesdepalerm.com. Eine traditionelle Finca vom Ende des 17. Jh. wurde in ein kleines Hotel umgewandelt. Alle neun Zimmer bieten einen schönen Blick auf Dorf und Bucht. Der große Garten lockt mit zwei Pools und mehreren Terrassen.

Volkstanzdarbietungen wie hier in Sant Josep de sa Talaia sind stets ein Publikumsmagnet

****Can Jondal**, Ctra. Cala Jondal a Cova Santa, km 1, Sant Josep, Tel. 619 32 14 78, www.canjona.com. Agrotourismus heißt das Konzept des Hauses: Gewohnt wird in einer rustikalen Finca, die Speisen werden überwiegend aus selbst angebauten Produkten zubereitet. Sieben einfache, aber ansprechende Zimmer, großer Pool und in der Nähe die Cala Jondal.

Restaurants

Bernat Vinya, Plaça d'Església, Sant Josep, Tel. 971 34 07 03. Bei Tapas und herbem Rotwein können sich die Gäste hier unter schattigen Kiefern erholen.

Racó Verd, Plaça d'Església, Sant Josep, Tel. 971 80 02 67, www.racoverdibiza.es. Die Musikbar und das Gartenrestaurant sind ein charmanter Touristentreffpunkt. Genial sind der frisch gepresste Orangensaft und die köstlichen Kuchen.

Bar

Destino Tapas Bar, Carrer de sa Talalia 15, Sant Josep, Tel. 971 80 03 41. Die besten Tapas des Ortes stapeln sich in den Vitrinen, und entsprechend voll ist es hier. Stimmengetöse, Menschengedränge – ein urspanischer Ort, betrieben von einer Familie aus Wiesbaden. Für abends unbedingt einen Tisch reservieren.

Sunset Ashram, Platjes de Ses Comptes, San Josep, Tel. 661347222, www.sunset ashram.com. Elektronische Bässe wummern, Cocktails werden gereicht: Tagsüber ist die Strandbude eine Bar, abends ein Club. Wer zur Abenddämmerung keinen Platz an den Tischen findet, setzt sich auf die niedrigen Felsen oder springt in Wasser und schwimmt der untergehenden Sonne entgegen.

16 Cova Santa

Sehenswerte Tropfsteinhöhle.

Eine der schönsten Kalksteinhöhlen Ibizas ist die Cova Santa an der Straße zwischen Sant Josep de sa Talaia und Eivissa. Entdeckt wurde der Eingang zur Höhle 1887 von dem Karmelitermönch Francisco Palau. So erklärt sich auch, warum sie Cova Santa, ›Heilige Höhle‹, heißt.

In Hunderttausenden von Jahren ist hier im felsigen Erdinneren eine geheimnisvolle Welt aus bizarren Stalagmiten und Stalaktiten entstanden – die bis vor einigen Jahren noch öffentlich zugänglich war. Heute ist der Besuch dieses Naturwunders nur noch den Gästen des Restaurants Cova Santa (Tel. 971395466, www.covasanta.com) vorbehalten. Nach dem Abendessen, das meist von einer feurigen Flamencovorführung begleitet wird, lohnt sich ein Blick in die herrlich vielfarbig illuminierten Höhle mit ihren zahlreichen und oft bizarr geformten Tropfsteinen.

Vermutlich diente die Höhle einst als Unterschlupf für Piraten und Schmuggler, vielleicht sogar in spätrömischer Zeit für Glaubensflüchtlinge. Sicher aber weiß man, dass sie seit dem Ende des 19. Jh. immer wieder von Mönchen aufgesucht wurde, die hier für mehrere Stunden, manchmal auch mehrere Tage meditierten.

17 Sant Agustí d'Es Vedrà

Verträumtes Dorf in ländlicher Idylle.

Etwas abseits der PM 803, die von Sant Josep nach Sant Antoni führt, auf einer Hügelkuppe und umgeben von terrassierten Feldern mit Mandelbäumen und Olivenhainen, liegt das Dörfchen Sant Agustí d'Es Vedrà. Um dorthin zu gelangen, biegt man 3 km hinter Sant Josep rechts ab. Welch eine ruhige, entspannte Atmosphäre herrscht hier! In Sant Agustí scheint man noch Zeit zu haben für die schönen Dinge des Lebens, für einen Plausch mit dem Nachbarn, oder man genießt die herrliche Aussicht auf die ländliche Umgebung, am besten bei einem Glas *Vino tinto* in einer Bar.

Wie so oft auf Ibiza bildet eine schlichte weiße **Wehrkirche** den Mittelpunkt des Ortes. Blickfang im *Inneren* des aus dem frühen 19. Jh. stammenden Sakralbaus ist ein schöner, stets blumengeschmückter Barockaltar. Nicht nur nach den Gottesdiensten trifft sich die männliche Bevölkerung in der Bar Berri an der kleinen **Plaça Mayor**, auf der auch die Kirche steht. Angeschlossen ist das Restaurant Can Berri Vell (s. u.), das wie die Bar der alteingesessenen Familie Berri gehört und im ältesten Gebäude des Dorfes untergebracht ist.

Das Centre Cultural Can Blau ist in einem repräsentativen Gebäude mit Stilanleihen der maurischen Architektur mit blauen Dächern und einem mit Palmen bestandenem Innenhof untergebracht.

Heilige Höhle – einst war die Cova Santa vielleicht Zufluchtsort für verfolgte Christen

Typisch Ibizenkisches wird im Restaurant Can Berri Vell in Sant Agustí d'Es Vedrà serviert

Das Zentrum beherrbergt zudem die *Escuela de Música de Sant Agustí*. Dort werden regelmäßig verschiedene kulturelle Events wie Konzertabende mit klassischer Musik veranstaltet (Tel./Fax: 971 34 25 43, email: canblau@telefonica.net).

Dem bekannten Komponisten und Musikwissenschaftler, Arabienforscher und Reiseschriftsteller *Hans Helfritz* (1902–1995) gefiel die ländlich-beschauliche Atmosphäre des Dorfes so sehr, dass er sich hier 1959 niederließ und seinen Lebensabend verbrachte. Seine letzte Ruhestätte fand er auf dem Friedhof von Sant Agustí.

ℹ Praktische Hinweise

Restaurants

Chimichurri, Ctra. Cala Conta km 0,1 (Abzweig nach Cala Bassa), etwa 1 km westlich von Sant Agustí, Tel. 971 80 42 15, www.chimichurri-ibiza.com. Deutsche und argentinische Küche. Besonders beliebt auch bei Spaniern: Fränkischer Schweinekrustenbraten, Ente und Gänsekeule, als Vorspeise gibt es Leberknödelsuppe. Zudem gibt es hier rund 100 internationale Biere zur Auswahl.

Sa Tasca, Ctra. Sant Antoni a Sant Josep, km 5, Sant Agusti, Tel. 971 34 37 03. Elegantes Restaurant im ibizenkischen Fincastil mit schattiger Terrasse. Empfehlenswert sind die flambierten Garnelen.

Can Berri Vell, Plaça Mayor 2, Sant Agustí, Tel. 971 34 43 21, www.canberrivell. com. Restaurant und Bar mit Gartenterrasse. Authentische spanische Küche, in der Kaninchen- und Lammbraten eine große Rolle spielen. Es gibt aber auch leckere Tapas und Fischgerichte.

Im Töpferdorf San Rafel de Forca gibt es eine Vielzahl formschöner Keramikketten

18 Sant Rafel de Forca (San Rafael)

Viel besuchtes Töpferdorf mit quicklebendigen Top-Diskotheken.

Der Ort Sant Rafel de Forca, an der Straße von Eivissa nach Sant Antoni gelegen, ist das Zentrum der ibizenkischen Keramikproduktion. Hier kann man in mehreren Familienbetrieben den Kunsthandwerkern bei der Arbeit über die Schulter schauen und ihre qualitätvollen Produkte wie Schalen, Vasen oder Kannen gleich an Ort und Stelle oder in einem der **Geschäfte** (während der Saison in der Regel tgl. 10–20 Uhr) an der Hauptstraße kaufen. Wer durch die Straßen bummelt, wird sicher viele hübsche Gebrauchsgegenstände finden und über die Vielzahl der angebotenen Schmuckstücke staunen. Im Angebot finden sich auch hübsche kleine Figuren, welche die antike Fruchtbarkeitsgöttin Tanit darstellen, wie man sie häufig in den archäologischen Stätten Ses Païsses, Puig des Molins und Cova des Cuieram bei Ausgrabungen gefunden hat.

Hoch oben auf einem Hügel steht die schlichte, um 1785 errichtete **Wehrkirche** mit ihren dicken Mauern und einem kuppelgekrönten Glockenturm. Vom Kirchhügel aus kann man, etwa bei einem Picknick, den herrlichen Blick über die mediterrane Landschaft bis zum Meer genießen. Bei gutem Wetter sieht man sogar die vor der Küste liegende Insel Formentera.

Sant Rafel ist nicht nur als Keramikort berühmt, sondern noch aus einem anderen Grund. Es beheimatet mit dem **Privilege** [s.u., S.130] eine der berühmtesten Diskotheken Ibizas, die früher unter dem Namen KU bekannt war. Den Betreibern dieses Etablissements gelingt es immer wieder, international bekannte DJs und Sänger für Auftritte zu verpflichten. Bis zu 10 000 Besucher fasst die gigantisch große Diskothek mit Restaurant, mehreren Bars und einem Swimmingpool. Konkurrenz auf der Club-Beliebtheitsskala macht dem Privilege das **Amnesia** [s.S.130] schräg gegenüber. Diese Diskothek verbindet Finca-Atmosphäre, tropische Palmen- und Pflanzenwelt und heiße Musik.

Disko-Life: Schlaflos auf Ibiza

Für Disko-Fans gibt es nur eine wahre Jahreszeit auf Ibiza: Sie beginnt mit den **Opening Partys** (ab Ende Mai) und endet mit den **Closing Partys** (ab Ende September). In dieser Zeit ist Ibiza die Party-Hochburg Europas. Vom Technopapst Sven Väth bis zum französischen DJ-Star David Guetta stehen dann die besten DJs der Welt an den Plattentellern. Selbstverständlich stammen einige der gefragten DJs auch von der Insel selbst, wie etwa **César de Molero**, der während der Wintersaison in Clubs von New York bis Hongkong auflegt und das Publikum für seine *Balearic Beats* genannten Sounds begeistert.

Superlative sind auch bei den Diskos und ihren Events angesagt: Das **Privilege** (www.privilege.es) rühmt sich, mit einer Fläche von 7000 m² und einer Kapazität für 10 000 Besucher der größte Club der Welt zu sein. Die gigantische Bühne der Anlage liegt inmitten eines Pools. Legenden schreibt auch das **Amnesia** (www.amnesia.es). Hier legt Sven Väth im Sommer jeden Montag bei der legendären Party des **Cocoon Club** (www.cocoon.net) auf. Das Konzept, elektronische Musik mit Lichteffekten, Performancekunst und Videoprojektionen zu verschmelzen, ist einmalig. Nicht minder bekannt und angesagt sind die Nächte im **Pacha** (www.pacha.com), der Mutter aller Diskos, wo auch Promis gerne tanzen.

Der Aufwand für solche Events hat seinen Preis und verschlingt leicht einen gewaltigen Teil des Urlaubsbudgets. Die **Eintrittspreise** für die Diskotheken rangieren je nach Location, Event und Wochentag um die 60 Euro. An manchen Orten, oft etwa in der Altstadt von Eivissa, verteilen Disco-Scouts Gutscheine für verbilligte Eintrittskarten. Das ist gewissermaßen ein Test für den eigenen Marktwert: Je fantasievoller das Styling, je extravaganter das Outfit, desto mehr Einladungen erhält man. Wer vorab sein Nachtleben organisieren möchte: Auf Seiten wie www.clubtickets.com kann man ausgewählte Eintritte im Internet kaufen, zum Teil auch direkt über die Webseiten der Diskos.

Das ungewöhnliche Fassadenbild ziert das Gourmetrestaurant L'Elephant in Sant Rafel de Forca

ℹ️ Praktische Hinweise

Einkaufen

Cerámica Can Kinoto, Can Kinoto, Isidoro Macabich 44, Sant Rafel, Tel. 971 19 82 62, www.cankinoto.com, tgl. 10–13 und 15–20 Uhr, im Winter bis 18 Uhr. Hübsche Keramik mit mediterranen Mustern, zum Teil auch Arbeiten mit attraktiven arabischen Motiven.

Cerámicas Icardi, Can Ferreret, Carrer Principal, Sant Rafel, Tel. 971 19 81 06, ceramicasicardi.blogspot.com, Sommer tgl. 10–21 Uhr, Winter tgl. 14–20 Uhr. Der Inhaber der Werkstatt, der Künstler Carlos Icardi Martínez, versieht seine Keramik gern mit einer metallisch glänzenden Glasur. Bekannt ist auch seine schwarze Keramik. Kopien punischer Werke sind ebenfalls erhältlich. Wer an einem Keramikkurs interessiert ist, kann sich hier erkundigen.

Nachtleben

Amnesia, Ctra. a Sant Antoni, km 5, Sant Rafel, Tel. 971 19 80 41, www.amnesia.es. Beliebter Tanztempel in einer alten Finca mit modernem Glasdach.

Privilege, Ctra. a Sant Antoni, km 7, Sant Rafel, Tel. 971 19 81 60, www.privilegeibiza. com. Größte Disco der Insel mit Palmengarten. Auf der Bühne über dem Pool finden aufregende Shows statt.

Hotel

TOP TIPP ******Can Lluc**, Cami d'Es Tercet, Ctra. a Santa Agnès, Sant Rafel, Tel. 971 19 86 73, www.canlluc.com. Luxus-Finca mit Agriturismo 3 km nördlich von Sant Rafel in einem Tal mit Mandel- und Olivenbäumen. Unterschiedlich gestaltete Unterkünfte, vom kleinen Reihenhaus-Cottage unter Bougainvillea bis zur minimalistisch gestylten Designer-Suite. Frühstück wird im historisch-rustikalen Haupthaus mit Poolblick serviert.

Restaurants

El Clodenis, Plaça d'Església, Sant Rafel, Tel. 971 19 85 45, www.elclodenisibiza.com. Das hübsche Lokal mit Terrasse bietet provenzalische Gerichte. Köstlich ist *Pollo pagès* mit Linsensalat.

TOP TIPP **L'Elephant**, Plaça d'Església, Sant Rafel, Tel. 971 19 80 56, www. elephant-ibiza.com. Gourmetküche in edlem Ambiente, mit Freisitz. Hier sollte man unbedingt die Empanades, Pasteten mit Fisch-, Fleisch- oder Gemüsefüllung, probieren.

Ibizas Ostküste – Hippiemärkte und herrliche Strände

Stark zerklüftete Klippen und sandige Strände wechseln sich in diesem Teil Ibizas mit pinienbesetzten Landzungen und fjordähnlichen Buchten ab. Mit dem gepflegten Badeort **Santa Eulària des Riu** besitzt diese Region eines der beliebtesten touristischen Zentren und einen Gegenpol zu dem durch Massentourismus geprägten Sant Antoni an der Westküste. Entlang der Straße nach Santa Eulària haben sich inmitten großer, mit Palmen und Bougainvillea bestandener Gärten Dutzende von Geschäften etabliert, die Antiquitäten oder Töpferwaren verkaufen. An der Ostküste findet man auch den größten **Golfplatz** der Insel, den in einen 18- und einen 9-Loch-Kurs geteilten *Club de Golf Ibiza*, der herrliche Ausblicke aufs Meer gestattet. Ganz in der Nähe, in den Hügeln der Sierra des Puig, liegen versteckt zwischen Palmen, Pinien und Wacholder einige der edelsten Ferienvillen der Insel. Originelle Verkaufsspektakel sind die **Hippiemärkte** in *Punta Arabí* und in *Sant Carles de Peralta*, die von verrückt aufgeputzten Hüten über Ohrringe und Hängematten bis hin zu Bioprodukten fast alles im Angebot haben, was sich ein Urlauberherz nur wünschen kann. Und kunsthistorisch Interessierte werden sich in der Kirche des Städtchens **Jesús** an einem berühmten Altaraufsatz erfreuen.

19 Platja Talamanca

Familienstrand vor Eivissas Toren.

Größter Beliebtheit erfreut sich der breite Sandstrand Platja Talamanca in der hufeisenförmigen Cala Talamanca 2 km östlich von Eivissa. Dementsprechend voll ist es hier im Hochsommer. Wer windsurfen, segeln, schnorcheln, Wasserski oder Tretboot fahren möchte, ist hier richtig. Und Familien mit kleinen Kindern wissen es zu schätzen, dass es flach ins ruhige Meer hineingeht. Zwei Wermutstropfen: Es gibt kaum Schatten, und wegen der Nähe zu Eivissa ist die Wasserqualität nicht die beste. Für junge Leute ist die Platja, deren Kulisse Hotels, Restaurants und Bars bilden, ein beliebter Treffpunkt.

Östlich des Strandes, in den luftigen Hügeln der **Halbinsel Martinet**, liegt eine der teuersten Wohngegenden der Insel. Beeindruckend ist der Blick von hier auf den Hafen von Eivissa und die abends reizvoll illuminierte Altstadt Dalt Vila. Einige Schlüsselfiguren der spanischen Architektur-Avantgarde, der Arquitectura Nova, darunter der Katalane Josep (José) Lluís Sert und der Deutsche Erwin Bron-

Region der Reichen – die Hügel der Halbinsel Martinet bergen viele extravagante Villen

Oben: *Zu den Attraktionen der Ostküste zählen der Traumstrand Platja d'es Figueral …*
Unten: *… und der Mittwoch-Hippiemarkt in Es Canyar auf dem Gelände von Punta Arabí*

er, waren hier am Werk. Sert (1902–1983) arbeitete 1929–1932 bei Le Corbusier und emigrierte 1939 in die USA, um in Harvard die Nachfolge von Walter Gropius anzutreten. Schon seit den 1930er-Jahren interessierte er sich für die alte ibizenkische Architektur und deren Baumaterialien Lehm, Kalkstein, Wacholder- und Pinienholz. In den Hügeln von Martinet errichtete Sert in den 1960er-Jahren die Villen-Siedlung **Can Pep Simó**. Typisch für diese sind die großen Mauerflächen, die kleinen Fensteröffnungen und der geräumige Porxo. Auch Broner errichtete in den 1960er-Jahren auf Ibiza mehrere Häuser, die der Tradition kubistischen Bauens folgen. Eines von ihnen, die **Casa Broner** in Eivissa, ist zu besichtigen (Carreró de Sa Penya, 15, Tel. 971 39 92 32, Mai–Okt. Di–So 10–13.30, Di–Fr 17–20, Okt.–April Di–So 10–13.30, Di–Fr 16–18 Uhr).

ℹ Praktische Hinweise

Fähre

Platja Talamanca – Eivissa, tgl. 9–21 Uhr Bootsverbindung zur Mole Estación Marítima am Passeig Marítim in Eivissa.

Sport und Freizeit

Aqualandia, Ctra. Cap Martinet, Tel. 971 19 06 61. Wasser- und Freizeitpark an der Ostseite der Bucht mit Wasserrutschen und -röhren, Tennisplätzen, Pools, Bars und zwei Restaurants (im Sommer tgl. 10–18 Uhr).

Einkaufen

Estudio de Coser y Tapizar, Ctra. Cap Martinet a Jesús, Tel. 971 31 25 14. Schmucke Ausstattungsgegenstände für Garten und Boot sowie attraktive Design-Stoffe.

Hotels

*****Playa Real**, Ses Feixes 52, Talamanca, Tel. 971 31 21 12, www.hotelplayarealibiza.com. Das große und lebhafte Familienhotel umfasst 245 komfortable Zimmer, viele davon mit Balkon und Meerblick. Zwei Pools, einer davon für Kinder. Neben einem Kinderclub mit Programm gibt es auch zahlreiche Sportangeboten (im Hotel und in der Nähe).

****Lux Isla**, Calle Josep Pla 1, Talamanca, Tel. 971 31 34 69, www.luxisla.com. Das gemütliche Haus mit 29 Zimmern, die meisten mit Balkon und Meerblick, liegt nur 75 m vom Strand entfernt. Auch Eivissa ist bequem zu Fuß zu erreichen.

Restaurants

La Barraca, Platja de Talamanca, Tel. 971 19 33 80, www.labarracaibiza.com. Erlesene mediterrane Küche mit Fischspezialitäten und Meeresfrüchten, aber auch mit Fleischgerichten, serviert in hübscher Lage direkt am Strand.

Ses Torres, Ctra. Martinet, an der Kreuzung Talamanca & Jesús, Tel. 971 31 20 12. Gutbürgerliche und mediterrane Küche auf einer schattigen Terrasse.

20 Puig d'en Valls

Ein Bild von einer Windmühle.

Annähernd 400 Jahre lang, vom 16. bis ins 20. Jh., prägten Windmühlen das Bild der ibizenkischen Landschaft und spielten eine große Rolle bei der Versorgung der Bevölkerung mit Mehl. Um 1940 wurden die Mühlen stillgelegt und ihr langsamer Verfall begann.

Zu den sehenswerten Ausnahmen zählt jene unübersehbare weiße **Windmühle** (Do 9–12 Uhr) auf der Anhöhe Puig d'en Valls gegenüber dem Hafen von Eivissa. Bei einem Besuch bietet sie einen Einblick in die Mechanik und Arbeitsweise der alten Mühlen Ibizas. Im Jahr 1991 hatte der Inselrat, der *Consell Insular*, die damals verfallende Mühle aufgekauft und sogleich mit ihrer Restaurierung begonnen. So wurde das Mahlwerk nach alten Plänen wieder instand gesetzt und die Flügel haben ein neues Segelgerüst erhalten.

21 Jesús

Die Kirche des kleinen Ortes birgt das berühmtestes Altarbild Ibizas.

Von Eivissa aus gelangt man über die nach Santa Eulària führende Straße 8101 in die 5 km nördlich gelegene Ansiedlung Jesús. Das Städtchen besitzt eine recht ansprechende **Plaza** mit Bänken und Bäumen. Gegenwärtig bemüht man sich darum, dens ganzen Ort zu verschönern, ihm ein besseres Image zu geben: Hausfassaden werden gestrichen, Restaurants wurden eröffnet und gute Einkaufsmöglichkeiten geschaffen. Außerdem lädt der kleine öffentliche **Park** ein, im Schatten ein Picknick zu machen oder sich einfach nur ein wenig vom Stadtrundgang auszuruhen.

Kunsthistorisches Highlight: Retabel mit der Muttergottes und Heiligen in der Kirche von Jesús

Doch fast alle Besucher zieht es zunächst einmal in die **Esglèsia de Nostra Mare de Déu de Jesús** (Parroquia Nuestra Señora de Jesús, Di, Do, Sa, So 19–21, So auch 12 Uhr sowie während der Messe). Schon der Pfarrhof, in dem Oleander und Bougainvillea um die Wette blühen, ist wunderschön. Der lang gezogene Kirchenbau geht auf eine im Jahr 1549 fertig gestellte und zunächst von Franziskanern genutzte Kapelle zurück. Die Dominikaner ließen die Anlage dann 1580–87 zur Wehrkirche ausbauen.

Das Juwel des Gotteshauses ist das vermutlich im 16. Jh. von Juan Rodrigo de Osona geschaffene *Altarbild*. Der Künstler wird der valencianischen Schule zugerechnet, welche die Stilmerkmale der Gotik mit denen der Renaissance verbindet. Auf der Mitteltafel des kostbar mit Gold und Maßwerk verzierten Retabels erblickt man die zauberhaft zarte Darstellung einer ›Nährenden Muttergottes‹. Vor ihrem prächtigen Thron sitzen zwei weiß gewandete musizierende Engel. Die vornehm gekleideten Engel links und rechts der Madonna halten den Baldachin. Die zentrale Altartafel wird gerahmt von sechs großen Bildfeldern mit Apostelfiguren. Über der Muttergottes werden zwei Szenen aus dem Leben des Franz von Assisi geschildert.

ℹ️ Praktische Hinweise

Restaurants

Basil Thai, Calle Faisán 8, Jesús, Tel. 971 19 27 16, www.basilthai.es. Exotisch, tropisch, schön. Besonders köstlich sind die Kung Krathiam Prik Thai – feurig zubereitete Riesengarnelen.

Taste, Ctra. de Jesús a Cala Llonga km 0,6, Tel. 971 31 62 45. Unter Palmen im Garten oder im modernen gestylten Salon genießt man mediterrane und internationale Küche, u.a. köstliche Gambas und verlockend zubereitete Tagesgerichte. Wer einmal nicht so viel Appetit hat, bestellt halbe Portionen.

Roca Llisa

Hier kommen Freunde des ›Grünen Sports‹ auf ihre Kosten.

Etwa zu Beginn der 1990er-Jahre etablierte sich auf Ibiza der ›Grüne Sport‹, weshalb golfende Urlauber voll auf ihre Kosten kommen und hier ihr persönliches Handicap verbessern können.

Die größte Anlage ist der 27-Loch-Platz **Club de Golf Ibiza** (Tel. 971 19 61 18, www. golfibiza.com) an der Straße von Jesús nach Cala Llonga. Eine attraktive Herausforderung sind die zahlreichen kleinen Wasserhindernisse, herrlich ist die Lage auf dem Hochplateau der *Sierra des Puig* mit Blick aufs Meer. Auch Nichtmitglieder dürfen den in eine Freizeitanlage eingebundenen Platz bespielen. Darüber hinaus gibt es einen Pro Shop, in dem auch Tennis-Zubehör verkauft wird, Driving Range, Putting Green, Bar, Restaurant, einen Pool zum Entspannen und Tennisplätze sowie Duschen und Schließfächer.

Die eleganten Villen, malerisch an den Hügeln in der Umgebung des Golfplatzes gelegen, sind zum Großteil im Besitz wohlhabender Ausländer – vornehmlich Briten –, die es offensichtlich schätzen, eine Haus in Golfplatznähe zu besitzen.

Herausforderung für Könner: Der Golfklub in Roca Llisa hat zahlreiche Wasserhindernisse

Cala Llonga

Sommer, Sonne, Badefreuden.

Der lebhafte Ferienort Cala Llonga an der fjordähnlichen gleichnamigen Bucht ist gerahmt von hohen Steilwänden mit grünen Kiefernwäldern und besitzt einen kleinen, aber herrlich breiten **Sandstrand**. Das türkisfarbene Wasser ist ganz klar, und der Meeresboden fällt so sanft ab, dass das Wasser 25 m vom Ufer entfernt erst 1 m tief ist.

Kein Wunder, dass sich viele Urlauber von dieser reizvollen Landschaftsszenerie angezogen fühlen und eine dementsprechend große Anzahl an Hotels entstanden ist. Neben einer gut ausgebauten Infrastruktur mit Restaurants, Bars und Supermärkten steht ein breites Wassersportangebot zur Verfügung: Man kann segeln, Wasserski laufen, surfen, Kajak fahren oder tauchen. Und die sanften, aber beständig wehenden Winde bieten für Windsurf-Anfänger geradezu ideale Bedingungen. Wer Lust hat, kann von hier aus auch einen Ausflug im offenen Fährboot hinüber zum Ferienort Santa Eulària [Nr. 24] machen.

Vom Strand führt ein abwechslungsreicher einstündiger Spaziergang über den Küstenpfad in nordöstlicher Richtung hinauf zum **Puig Marina** (205 m) und nach Überquerung des ›Passes‹ hinunter zur **Cala Blanca**, die allerdings keinen Strand besitzt. Unterwegs bieten sich immer wieder herrliche Ausblicke auf die lang gestreckte Cala Llonga.

ℹ️ Praktische Hinweise

Fähre

Cala Llonga – Santa Eulària, stündliche Fährverbindungen zwischen Cala Llonga und dem Jachthafen von Santa Eulària.

Sport

Easy Rider, Camí d'en Serra, Cala Llonga, Tel. 971 19 65 11. Gute Reitschule, die auch verschiedene Ausritte anbietet.

Rumbo Azul Dive Center, Carrer Afueras, Cala Llonga, Tel. 971 19 66 25, www.rumboazul.com. Organisierte Tauchgänge, die mit und ohne Ausrüstung gebucht werden können. Das Unterrichtsangebot reicht vom Schnuppertauchen im Hotelpool bis zur professionellen PADI-Ausbildung.

Hotel

***Sirenis Cala Llonga Resort**, Cala Llonga, Tel. 971 19 64 71, www.sirenishotels. com. Hotel in exponierter Lage oberhalb der Bucht und mit Aussicht auf Strand

Ausflug gefällig? Das Boot nach Santa Eulària ist bequem über einen Steg zu erreichen

und Meer. Das Haus ist besonders beliebt wegen seiner zwei Pools und des großen Unterhaltungsangebots mit abendlichen Shows, Pool-Gymnastik und Kinder-Klub.

El Pinar, Monte Aconcagua, Playa Cala Llonga, Cala Llonga, Tel. 971 19 61 97. Das

Pool oder Meeresstrand – Cala Llonga hat für jeden seiner Gäste den passenden Wasserspaß

Flanieren auf dem palmenbestandenen Passeig Marítim von Santa Eulària des Riu

Aparthotel verfügt über 60 Studios und 30 Apartments, jeweils mit Küche und Balkon. Zur Anlage gehört ein großer Pool, Kinderspielplatz und Tennisplätze. Dabei liegt der Komplex nur 50 m vom Meer entfernt – eine preiswerte Unterkunft insbesondere für Familien. Im Hotelbereich gibt es kostenlosen WLAN-Zugang.

Restaurants

La Casita, Ctra. de Cala Llonga, km 3, Urbanización Valverde, Tel. 971 33 02 93. Rustikale Finca mit Terrasse. An kühleren Abenden werden die österreichischen Spezialitäten, vom Kaiserschmarren bis zum Wiener Schnitzel, im Zelt serviert.

Samovar, Carrer Rosales 40, Urbanización La Siesta, Cala Longa, Tel. 971 33 07 57, www.samos-group.com. Das Lokal mit Konditorei öffnet bereits zum Frühstück. Vorzügliche internationale Küche.

Sol d'en Serra, Cala Sol d'en Serrà, Tel. 971 19 61 76. Erhöht liegende Terrasse neben der Cala Llonga mit Meerblick bis Formentera. In elegantem Ambiente werden hier einheimische Spezialitäten serviert.

24 Santa Eulària des Riu (Santa Eulalia del Río)

Gepflegter Badeort mit schöner Promenade.

Santa Eulària des Riu (33 000 Einw.) ist der zweitgrößte Ort der Insel, Mittelpunkt des gleichnamigen Verwaltungsbezirks (mit Sant Carles, Santa Gertrudis, Puig d'en Valls und Jesús) und wirtschaftliches Zentrum der Ostküste. Sein Name geht zurück auf die hl. Eulalie, die um das Jahr 300 in Rom den Märtyrertod fand. Der Namenszusatz Riu bezieht sich auf den **Riu Santa Eulària**, der in den Hügeln des Inselinneren nördlich von Santa Gertrudis entspringt. Bis vor wenigen Jahren führte dieser einzige Fluss der Pityusen auch im Sommer noch Wasser. Aufgrund des gesunkenen Grundwasserspiegels, direkte Folge des gestiegenen Wasserverbrauchs durch den Tourismus, hat sich das jedoch inzwischen geändert.

Dabei war es der Riu Santa Eulària, der in früheren Jahrhunderten den Wohlstand der Siedlung mehrte. Schon die Araber leiteten das kostbare Nass mit Hilfe eines ausgeklügelten *Bewässerungssystems* auf die Felder und konnten so in größerem Stil Landwirtschaft betreiben. Die Ruinen einiger Getreidemühlen, die weiter landeinwärts am Flussbett stehen, deuten überdies darauf hin, dass man das Wasser in der Vergangenheit nicht nur zur Bewässerung, sondern auch zum Betreiben von Mühlen nutzte. **Els Molins**, die Mühlen, wird denn auch die Region rund um die heutige Stadt von der Bevölkerung genannt. Die Siedlung Santa Eulària befand sich ursprünglich auf dem 52 m hohen **Puig de Missa**, und erst nach und nach breitete sie sich bis hinunter an die Küste aus.

Hervorragend erhalten ist der elegante **Viaducto Romano** ❶ am südwestlichen Stadteingang, der parallel zur modernen Brücke das Bett des Riu Santa Eulària überspannt und möglicherweise in der Antike als Aquädukt diente.

Das moderne Zentrum von Santa Eulària des Riu liegt am Meer: Hochhaus-Hotels, Boutiquen und Restaurants, entstanden in den 1970er-Jahren, bestimmen das Bild der stark durch den Tourismus geprägten Stadt. Besonders auf der Durchgangsstraße *Carrer Sant Jaume* herrscht immer starker Verkehr, und vor allem mittwochs, wenn die Touristenbusse und Mietwagen zum Hippiemarkt der nahe gelegenen Ferienanlage Punta Arabí fahren, gibt es oft Staus.

Auf der autofreien Meerespromenade **Passeig Marítim** ❷ (Paseo Marítimo) hingegen kann man herrlich bummeln und sich am Anblick der Palmen, Blumenrabatten und alten gusseisernen Laternen erfreuen. Zwischendurch kehrt man vielleicht in einem der Cafés oder Restaurants ein, um sich zu stärken. Jenseits des schmiedeeisernen Geländers der Promenade erstreckt sich in sanftem Halbrund der honigfarbene Sandstrand der schattenlosen **Platja de Santa Eulària** ❸. In der ›zweiten Reihe‹ hinter dem Strand, stehen die in den 1970er-Jahren – in der allgemeinen Euphorie ob der wirtschaftlichen Segnungen des Massentourismus – eilig konstruierten Apartmentanlagen und Hotels. Am östlichen Ende setzt sich die Promenade als *Passeig Port Esportiu* (Paseo Puerto) fort bis zur **Marina** ❹, wo zahlreiche Jachten im Wasser schaukeln. Dieser Sportboothafen ist mit 775 Liegeplätzen der größte der Insel. Er verfügt über alle modernen Installationen. Auch diverse Segel- und Surfschulen sind hier ansässig. 1984 wurde mit der Errichtung dieser luxuriösen Marina in attraktivem mediterranem Stil begonnen. Für die

Auf dem Puig de Missa steht eine 1562 erbaute Wehrkirche, die einst Schutz vor Piraten bot

Planung zeichnete der berühmte Architekt *César Manrique* (1920–1992) aus Lanzarote verantwortlich.

Vom Passeig Marítim bis zur Plaça d'Espanya zieht sich der breite, mit Steinbänken und Oleander geschmückte **Passeig de S'Alamara** ❺ entlang. Bei den Einheimischen heißt er nur *Ramblas*, in Anlehnung an die Stadtpromenaden von Barcelona oder Palma de Mallorca. Hohe Platanen bilden ein schattiges Blätterdach, sodass man, nahezu unbehelligt vom Autoverkehr, wie durch einen grünen Tunnel spaziert. An den Ramblas wird täglich, mit Ausnahme von Mittwoch, ein kleinerer *Hippiemarkt* abgehalten, auf dem man neben Souvenirs auch ausgefallene Kleidung und Bioprodukte erstehen kann. In den beiden Straßen links und rechts der Promenade findet man außerdem Restaurants, Cafés und vor allem Souvenirgeschäfte.

Die palmenbestandene **Plaça d'Espanya** ❻, an der auch das Rathaus steht, zieren ein Springbrunnen und das Denkmal für jene Bürger, die sich 1913 beim Untergang des Dampfers ›Mallorca‹ in der Bucht von Santa Eulària um die Rettung der Schiffbrüchigen verdient gemacht haben.

Zunehmend wird in Santa Eulària des Riu neben dem Pauschaltourismus auch der ›sanftere‹ Individualurlaub gefördert. So stellen kleine und stilvoll eingerichtete Finca-Hotels, Spezialitätenrestaurants und edel gestylte Tapas-Bars inzwischen auch Gäste zufrieden, die authentischeres Ambiente bevorzugen. Eher urig-rustikal geht es noch in den Café-Bars der Markthalle **Es Mercat** ❼ (Mo–Sa 8–13 Uhr) zu, die zwei Blocks westlich des Rathauses an der Ecke Carrer de Sol und Camí de Missa steht. Hier wechseln täglich frischer Fisch und reifer Käse die Besitzer, gibt es Obst und Gemüse aus der Region zu kaufen.

Südwestlich der Markthalle gelangt man über die Carrer del Pintor L. Barrau hinauf zur **Església Es Puig de Missa** ❽ (zur Messe So 11 Uhr geöffnet), eine der schönsten Wehrkirchen Ibizas. Das strahlend weiße Bauwerk auf dem 52 m hohen Puig de Missa, dem ›Hügel der Messe‹, ersetzte den Vorgängerbau, der bei einem Überfall türkischer Piraten im Jahre 1555 zerstört worden war. Dieser wiederum ruhte auf den Fundamenten einer *Moschee*. Überlieferungen zufolge ließ Philip II. von Spanien 1562 die neue Kirche errichten, die mit ihren meterdicken Mauern ein Bollwerk darstellte und der Bevölkerung Schutz vor Piratenüberfällen bot. Architekt des halbrunden, in die Ostseite integrierten *Wehrturms*, der zugleich die Chorapsis der Kirche bildet, war wohl der Festungsbaumeister *Giovanni Batista Calvi*, der sich schon beim Bau der Stadtmauer von Eivissa [s. S. 20] hervorgetan hatte. Im 17. Jh. dann, als Santa Eulària in wirtschaftlicher und kultureller Blüte stand, baute man an das Presbyterium noch die beiden Kapellen *Santísimo* und *Corazón de María* an, sodass die Kirche heute einen kreuzförmigen Grundriss aufweist. Glanzstück des weitgehend schmucklosen *Inneren* ist der barocke *Hochaltar*, dessen geschnitzte, von Girlanden umrankte Säulen mit Blattgold überzogen sind. Einige *Azulejos* mit Darstellungen der Passion Christi zieren die Wände. Natürlich darf bei dieser Kirche auch der typisch ibizenkische überdachte *Porxo* (Vorhof) nicht fehlen, der wahrscheinlich aus dem 17. Jh. stammt und hier ausnahmsweise frei vor dem Kirchengebäude steht. Die dicken Mauern und der Boden aus Natursteinplatten sorgen für angenehme Kühle.

Beeindruckend ist die Aussicht vom Kirchenhügel über die vielfältige Dachlandschaft, das Meer sowie über Hügel und Täler der Umgebung. Dass wie in alten Zeiten noch immer landwirtschaftlicher Reichtum die Region prägt, wird deutlich beim Anblick der ordentlich gepflügten rötlich-braunen Äcker, der üppigen Getreidefelder, fruchtbaren Gemüsegärten, Olivenbaumhaine oder Orangen- und Zitronenplantagen.

An den Hängen des Puig de Missa erstreckt sich der alte Ortskern mit seinen kubenförmigen Häusern, roten Ziegeldächern und kleinen Gärten, der im Wesentlichen aus dem 18. Jh. stammt. In nordöstlicher Richtung dehnt sich die Neustadt *Sa Vila* aus. Hier dominieren Betonbauten aus den 1970er- und 1980er-Jahren das Bild.

Gegenüber der Wehrkirche findet man das **Museo Etnológico** **9** (Tel. 971 33 28 45, April–Sept. Di–Sa 10–14 und 17.30–20, So 11–13.30, Okt.–März Di–Sa 10–14, So 11–13.30 Uhr). Es ist im *Can Ros* untergebracht, einem alten Bauernhaus, das von einer Stiftung im Jahre 1994 gekauft, restauriert und mit traditionellen Alltagsgegenständen eingerichtet wurde. Die auch von anderen Baleareninseln stammenden Exponate lassen die Welt von gestern wieder lebendig werden. Ausgestellt sind zahlreiche prachtvolle, traditionell zur Aussteuer gehörende *Trachten* und historischer *Brautschmuck* wie Ketten, Armbänder und Fingerringe, und auch Haushaltswaren, Keramik, historische Möbel und Waffen.

Nicht weit entfernt befindet sich das im Besitz der Kirche befindliche **Museu Barrau** **10** (Tel. 971 33 94 11, Di–Fr 10–14 Uhr), das Gemälde des aus Barcelona stammenden Impressionisten *Laureano Barrau* (1863–1957) zeigt. Der Maler hatte sich bei einem Besuch auf Ibiza in die Insel verliebt und sie ab dem Jahr 1910 zu seiner Wahlheimat erkoren.

Vom Zentrum aus landeinwärts (beschildert) erreicht man nach einem ca. 20-minütigen Fußmarsch auf einem schmalen Pfad den malerischen und abgeschiedenen **Puig d'en Ribes** **11** (auch *Puig de sa Creu*). Von dort oben kann man noch einmal einen wunderbaren Blick

Beeindruckende alte Welt: Das Museu Etnològic in Santa Eulària des Riu zeigt seine Schätze

Den besten Blick auf Santa Eulària des Riu genießt man vom 52 m hohen Puig de Missa

über die Landschaft genießen. Die weiße, meist mit einem Eisengitter abgesperrte *Kapelle* auf dem Piug ist am 3. Mai Ziel einer traditionellen Wallfahrt. Das Innere ist dann festlich mit Blumen geschmückt, und im Freien findet eine Messe statt. Singend kehren die Bewohner von Santa Eulària nach Hause zurück.

ℹ️ Praktische Hinweise

Information

Oficina d'Informació i Turisme (OIT), Carrer Mariano Riquer Wallis 4, Santa Eulària des Riu, Tel. 971 33 07 28, www.santaeulariadesriu.com

Bus

Station an der Avda. Dr. Ricardo Curtoys Gotarredona (im Südteil der Stadt zwischen Meerespromenade und Touristeninformation): regelmäßige Verbindungen nach Eivissa, Es Canyar, Cala Llonga, Sant Carles, Portinatx und Sant Antoni.

Fähre

Embarcadero La Punta, Marina, Santa Eulària des Riu. Fähr- und Bootsverbindungen nach Eivissa, Es Canyar und Cala Llonga sowie Formentera.

Taxi

Taxistände an der Avda. Dr. Ricardo Curtoys Gotarredona und am Passeig de S'Alamera, Tel. 971 33 30 33

Sport

Go-Karts, Ctra. Ibiza-Santa Eulária km 6, Tel. 971 31 77 44, www.gokartssanta eulalia.com. Die Fahrzeugarten sind abgestimmt auf Kinder, Jugendliche und Erwachsene.

Einkaufen

Casa Turquesa, Carrer Molins de Rey 2, Santa Eulària des Riu, Tel. 971 33 13 52, www.casaturquesa-ibiza.com. Dekorationen, Lampen, Kleinmöbel – Feines zur Inneneinrichtung im mediterranen Finca-Stil.

Diva Boutique, Plaza de España 6, Santa Eulària des Riu, Tel. 971 33 96 83. In der Boutique neben dem Rathaus *(ayuntamiento)* bietet man neuen Kollektionen und Espresso oder Wein für die Begleitung.

Hotels

*****Fenicia Prestige**, Calle Narcisos, Santa Eulària des Riu, Tel. 971 80 70 00, www.insotelfeniciaprestige.com. Strandnahes Luxushotel mit 172 modern und edel gestalten Suiten ab 49 m² (Bad mit Hydromassage-Dusche), großes Thalasso-Spa, diverse Salons und Terrassen, mehrere Restaurants und Boutiquen.

****Invisa Hotel La Cala**, Carrer Huesca 1, Santa Eulària des Riu, Tel. 971 33 00 09, www.invisahoteles.com. Das zentral gelegene Haus (180 Zimmer) wurde einer gelungenen Auffrischung unterzogen. Lobby, Zimmer und Buffet-Restaurant sind nun farbenfroh gestaltet.

La Colina, Ctra. Eivissa a Santa Eulària, Tel. 971 33 27 67, www.lacolina-ibiza.com. Das moderne Hotel im Fincastil liegt auf einem grünen, mit Natursteinmauern terrassierten Hügel, 5 km südwestlich von Santa Eularia und 1 km östlich der Hauptstraße.

Sol Ibiza, Pare Vicent Costa 2, Santa Eulària des Riu, Tel. 01-802-12 17 23, www.solmelia.com. Große Anlage um eine frühere Finca mit mehrstöckigen Häusern auf der Halbinsel Punta des Faralló östlich der Bucht.

Rey, Carrer Sant Josep 17, Santa Eulària des Riu, Tel. 971 33 02 10. Kleiner Familienbetrieb im Zentrum, beliebt bei jungen Leuten, die legere Atmosphäre und günstige Preise schätzen.

Camping

Camping Cala Nova, Ctra. Santa Eulària a Es Canar, Tel. 971 33 17 74, www.campingcalanova.com. Gepflegter und beliebter Platz mit sehr guter Ausstattung. Es werden auch Bungalows vermietet.

Restaurants

Celler Can Pere, Carrer Sant Jaume 63, Santa Eulària des Riu, Tel. 971 33 00 56. Gegrillter Tintenfisch und der würzige Fischeintopf *Bullit de Peix* sind nur zwei der Spezialitäten des renommierten Fischrestaurants mit viel Atmosphäre.

El Bigote, Cala Mastella, Santa Eulària, Tel. 650 79 76 33. Gegessen wird, was auf den Tisch kommt. Und das ist bei Küchenchef Bigote vor allem die Spezialität der Insel: *bullit de peix con arroz*. Täglich ab 14 Uhr ist der legendäre Fischeintopf fertig. Serviert wird er in phänomenaler Lage direkt am Meer. Ohne Reservierung geht hier gar nichts. Selbst König Juan Carlos musste deshalb angeblich einmal auf seiner Yacht warten. Wer einen Platz ergattert hat: *buen provecho!*

El Rincón del Marino, Puerto de Santa Eularia, Tel. 971 33 63 35. Im Lokal am Ende des Jachthafens serviert man ibizenkische Inselgerichte und eine Vielzahl an Tapas. Preiswert und gut.

Es Caliu, Ctra. Eivissa a Portinatx, km 10,8, westlich von Santa Eulària des Riu, Tel. 971 32 50 75, www.escaliuibiza.com.

Das Lokal ist in einem ibizenkischen Bauernhaus untergebracht. Serviert wird einheimische Küche, zum Beispiel köstliche Ragouts und Lammeintöpfe (*Sofrit Pagès*) und als Vorspeise das mit Tomaten, Oliven und Olivenöl belegte Brot *Pa amb Oli i Sal*.

Les Terrasses, Carretera de Santa Eulària, Tel. 971 33 26 43, www.lesterrasses.net. Mit viel Liebe haben die französischen Inhaberinnen das weiße Landhaus mit den pastellblauen Fensterrahmen renoviert. So charmant die Hotelanlage mit Pools und Tennisplatz ist, so gut ist das Restaurant. Obst und Gemüse wachsen im Hausgarten, und zu den legendären Couscous-Tagen (dienstags) begrüßen die Chefinnen oft mehr als 100 Gäste.

Rincón de Pepe, Carrer Sant Vicenç 53, Santa Eulària des Riu, Tel. 971 33 13 21. Typisch ibizenkisches Restaurant, in dem vor allem die Pilzgerichte empfehlenswert sind. Außerdem gibt es eine große Auswahl an köstlichen Tapas.

Sunseabar, Puerto Deportivo de Santa Eulária, Tel. 971 31 90 24, www.sunseabar.de. Gemütlicher Treffpunkt beim Hafenbummel: Restaurantterrasse mit deutsch-internationaler Speisekarte

Wie eine moderne Skulptur wirkt dieses Hotelgebäude in Santa Eulària des Riu

(Alt)hippie, wie er im Buche steht

Erbe der Blumenkinder

Bereits in den 1960er-Jahren hatte die **Boheme** ein Auge auf die Insel Ibiza geworfen, hatten sich hier Maler wie Erwin Bechthold, Hans Laabs und Eduard Micus preisgünstig Fincas weit ab der Stadtzentren gesichert und sie in Ateliers umgewandelt.

Doch wer heute an Ibiza denkt, verbindet das Eiland mit den rebellischen **Blumenkindern** der 1970er-Jahre, die hier eine Alternative zum kommerziellen Lebensstil ihrer Eltern zu finden hofften. Der Traum von einem unbeschwerten Dasein unter der Sonne, auf einer zauberhaften, noch weitgehend unberührten Insel im Mittelmeer, das einfache Leben auf einer Finca – das war es, was Ibiza für die damalige Jugend zu verheißen schien. Mit einem Scheck der Eltern oder etwas selbst gespartem Geld konnte man auf der Baleareninsel viele Monate leben. Je

bekannter Ibiza als Aussteigertreff wurde, desto mehr neugierige junge Leute reisten an. Die meisten wohnten zunächst in kleinen günstigen Pensionen und einfachen Hotels. Andere bezahlten ibizenkische Bauern dafür, dass sie ihre Zelte auf deren Land aufstellen durften. Wieder andere erwarben preisgünstig eine Finca, in der sie ihren Traum von einem freien Lebensstil in Kommunen verwirklichen konnten. Besonders viele der Blumenkinder erfüllten sich ihre Träume von Freiheit rund um den malerischen Ort **Sant Carles de Peralta** [Nr.30] im Nordosten von Ibiza.

Einige der Hippies arbeiteten im Laufe der Zeit als Kunsthandwerker, Maler oder Designer. Sie bieten ihre Produkte in kleinen Geschäften oder auf den **Hippiemärkten** von Punta Arabí [s.u.] und Las Dalias [s.S. 72] zum Verkauf an, seit 40 Jahren hat sich das Sortiment kaum verändert. Andere reisen regelmäßig nach Asien, Mittel- oder Südamerika und kaufen dort kunsthandwerkliche Artikel, um sie dann auf Ibiza den Touristen anzubieten. Diese erfolgreichen **Althippies** sind inzwischen in die ibizenkische Gesellschaft integriert, unterstützen Projekte zur Brauchtumspflege und geben die zweisprachige Zeitschrift ›INsel‹ heraus, die sich vor allem an kulturell interessierte deutsche Touristen wendet.

Sucht man das Postamt von Sant Carles auf, das sich in einer traditionellen Bar befindet, trifft man auch auf ›authentische‹ Althippies, die hier im Norden ihren Lebensabend verbringen. Arrivierten **Edelhippies** begegnet man hingegen auf den Terrassen der Bar-Straße von Santa Gertrudis.

und Blick auf die Jachten. Eine (Tausch-) Bibliothek steht zur Verfügung, ebenso Internet-PCs und kostenloses WLAN.

Babylon Beach, Punta Es Farallo, Tel. 971 33 21 81, www.babylonbeachbar.com. Weißen Sonnensegel überspannen die Bar, die direkt ans Kliff gebaut ist. Sanfte Musik, gut gemixte Mojitos, feine Küche – vom Sonnenbad bis zum Sundowner ist dieser Beach Club ein perfekter Ort, um den Alltag zu vergessen.

22 Es Canyar (Es Caná, Es Canar)

Größter Hippiemarkt Ibizas.

In Es Canyar nordöstlich von Santa Eulària lebt noch immer die Tradition der Blumenkinder aus den 1960er- und 1970er-Jahren fort. So ist denn auch die größe Attraktion der legendäre **Hippiemarkt**, der jeden Mittwoch im Ferienclub *Punta Arabí* an der Spitze der Halbinsel stattfindet. Den ganzen Tag über wird an den Ständen der Künstler und Althippies,

Studenten und ibizenkischen Bauern gefeilscht, was das Zeug hält. Manch ein Verkäufer hat sich selbst zum Kunstwerk gestylt, trägt zum orangefarbenen Häkelanzug einen riesigen blauen Strohhut, zum weißen Spitzenkleid Jeansweste und Cowboystiefel. Neben ibizenkischem Honig, köstlichen Likören, Käse und selbst gestrickten Pullovern aus Schafwolle in allen Farben des Regenbogens findet man hier auch extravagante Kleidung im Adlib-Stil [s. S.28], fantasievolle Schmuckkreationen und von Hand gefertigte Bilderbücher.

Auch abgesehen von diesen Einkaufsattraktionen lohnt es sich, die Punta Arabí zu besuchen, denn sie ist mit ihren hellen, bizarr geformten Klippen landschaftlich sehr reizvoll. Wegen der mitunter heftigen Brandung sollten sich hier allerdings nur geübte Schwimmer ins Meer wagen.

Gefahrloser ist das Baden am schmalen Sandstrand der **Cala Pada** an der Südseite der Halbinsel. Einheimische und Touristen treffen sich dort im *Club Cala Pada*, von dessen Bar-Terrasse man einen schönen Blick auf das bunte Treiben am Strand hat. Ab Ostern und bis in den Herbst hinein herrscht hier Badebetrieb, erleben Tretboot- und Surfbrettverleihe großen Andrang.

Ein reichhaltiges Wassersportangebot, Strandbars und Restaurants findet man in der dicht bebauten Fremdenverkehrsregion an der Ostseite von Es Canyar. Das Wasser am schmalen, zumeist schattigen Sandstrand **Platja d'es Canyar** ist ohne Strömung, flach und ruhig, sodass vor allem Familien mit Kindern hier gut Ferien machen können.

ℹ Praktische Hinweise

Einkaufen

Hippiemarkt, Punta Arabí, Es Canyar. Beliebter Markt mit Kleidung, Schmuck und vornehmlich regionalen Agrarprodukten (Mi 9–19 Uhr).

Hotels

Club Cala Pada, Crta. Es Caná, km 3, Cala Pada, Tel. 971 33 00 01, www.clubcalapada.com. Von Wald umgebener angenehmer Ferienclub mit zwei Pools und gemütlicher Bar-Terrasse. Bis zum Strand sind es etwa 100 m.

*****Paraiso Beach**, Av. de Punta Arabí, Es Canyar, Tel. 971 33 01 52, www.islaparaiso.es. In belebter Gegend zwischen den Stränden von Es Canyar und Cala Martina, 100 m zum Strand und Hippiemarkt. Ebenso lädt ein großer Pool zum Baden ein, zudem verfügen einige Zimmer über einen eigenen Balkon.

Restaurant

Martina, Cala Martina, Tel. 971 33 87 45. Das Grillrestaurant liegt am südlichen Ende der sich südwestlich an Punta Arabí anschließenden Bucht direkt am Strand und serviert seit 30 Jahren hauptsächlich Fischspezialitäten und Paella. Hier sollten die Gäste unbedingt die leckeren *gambas a la plancha* probieren.

26 Cala Llenya

Der idyllische Strandabschnitt war einst ein beliebter Hippietreff.

Zwischen Felsen und grünen Kiefern liegt ca. 10 km nördlich von Santa Eulària in der Mündung eines ausgetrockneten Bachbettes ein 60 m breiter, flach abfallender Sandstrand, der über Sant Carles zu erreichen ist.

In den 1970er-Jahren war die Bucht Domäne der Hippies, die sich in Sant Carles angesiedelt hatten. Heute ist das hier in allen Blau- und Grünnuancen schimmernde Meer vor allem Ziel von Club-Urlaubern. Hinzu kommen Strandwanderer aus Santa Eulària, welche die ruhigere Atmosphäre dieses Küstenabschnitts schätzen. Sonnenschirm- und Liegestuhlverleih sorgen ebenso wie Cafés und Strandbars für rundum schöne Ferientage. Wer nicht immer nur faulenzen möchte, kann gelegentlich durch die faszinierende *Unterwasserwelt* mit ihren bizarren Felsen schnorcheln oder sich ein Surfbrett ausleihen.

ℹ Praktische Hinweise

Hotel

*****Ola Club**, Cala Llenya, Tel. 971 33 52 46, www.olahotels.com. Bungalowanlage oberhalb der Badebucht mit Apartments, Studios und Sportangeboten.

Club Cala Azul, Punta d'en Ribes, Tel. 971 04 30 43, www.calaazul.com. Großer, familienfreundlicher Club inmitten von Gärten und unter Palmen, mit Pool und Supermarkt.

Restaurant

Can Jordi, im gleichnamigen Hotelclub, Cala Llenya, Tel. 971 33 51 21, www.hotel

Die Cala Mastella bietet mit ihren Schatten spendenden Pinienbäumen Ruhe und Erholung

canjordi.com. Der Fußweg vom Strand zu dem gepflegten Hotelrestaurant dauert etwa zehn Minuten. Das lohnt sich vor allem für das umfangreiche Abendbuffet (ab 19 Uhr).

27 Cala Mastella

Ruhiger Strand mit ›Onkel Schnurrbart‹.

Wer nicht so viel Trubel mag, wird an diesem Fleckchen Erde auf seine Kosten kommen. Selbst während der Hochsaison wirkt der Strand wie eine Oase der Ruhe. Dabei ist die Bucht, von der aus noch immer Fischer in aller Herrgottsfrühe mit ihren Booten aufs Meer hinausfahren, nicht einmal schwierig zu erreichen. Von Sant Carles [Nr.30] aus folgt man einfach der Beschilderung nach Cala Mastella, Man parkt, wo von der Straße ein Schotterweg abzweigt, und läuft dann zur windgeschützten Cala Mastella mit ihrem feinsandigen Strand und einigen Schatten spendenden Felsen. Wer keinen Picknickkorb gepackt hat, kann sich im Lokal *El Bigotes*, von einigen Gästen auch *Tío Bigote*, ›Onkel Schnurrbart‹, genannt, verköstigen (s. u.). In diesem rustikalen Fischrestaurant am Ufer wird der Fang des Tages auf Holzkohle gegrillt.

i Praktische Hinweise

Restaurant

Bigotes, Cala Mastella. Derweil Besitzer Juan köstliche Fischsuppe im großen Kessel zubereitet oder den selbst gefangenen Fisch brät, probieren die Gäste draußen auf Holzbänken den Hauswein.

28 Cala Boix

Dunkler Sand und klares Wasser charakterisieren dieses Strandidyll.

Von der Cala Mastella geht es Richtung Norden über eine Straße zum Parkplatz der Cala Boix. Von dort führt eine lange und steile Treppe hinunter zur Bucht, die von hohen, bewaldeten Bergen gerahmt wird.

Der dunkle, 100 m lange Sand-Kies-Strand und das klare Wasser ergeben zauberhafte Farbkontraste und sind beliebte Fotomotive. Der Meeresgrund fällt hier sanft ab. Da die Südlage für Windstille sorgt, kann hier manchmal schon um Ostern gebadet werden. Im Verleih befinden sich Sonnenschirme und Liegestühle, und auch Duschen sind vorhanden. Im Restaurant *La Noria* mit Bar (s. u.) kann man inseltypische Spezialitäten oder auch nur Sandwiches bestellen und den Tag bei einem Cocktail ausklingen lassen.

ℹ Praktische Hinweise

Restaurant

La Noria, Cala Boix, Tel. 971 33 53 97. Das Lokal bietet eine kleine Speisekarte mit schmackhaften Fischgerichten und eine schöne Aussicht auf die Bucht.

29 Es Pou des Lleò

Baden an der legendenumwobenen ›Quelle des Löwen‹.

Es Pou des Lleò bedeutet ›Quelle des Löwen‹. Der ungewöhnliche Name dieser in der Nordostecke der Insel versteckt liegenden Bucht geht auf eine Sage zurück, nach der vor langer Zeit ein Seelöwe regelmäßig eine in dieser Bucht sprudelnde Quelle aufsuchte, um dort zu trinken. Die Quelle gibt es tatsächlich, man entdeckt sie unterhalb der kleinen Pension *Pou des Lleò* (s. u.). Hier logieren vor allem Gäste, die weniger Wert auf Komfort legen und stattdessen die Lage oberhalb des Strandes und fernab vom Massentourismus schätzen.

Weitere Pluspunkte von Es Pou des Lleò sind die guten Schnorchelmöglichkeiten und der bezaubernde, aus grobem Sand und kleineren Felsen bestehende Strand. Statt Animation und kommerzieller Unterhaltung genießt man die ruhige Atmosphäre und breitet in Ermangelung von Sonnenliegen sein Badetuch am Wasser aus. Nach einem Urlaubstag in der Sonne trifft man sich im Restaurant der Pension, wo man am besten schon vormittags einen Tisch reserviert hat.

Die Bucht wird an der Landspitze Punta de sa Torre vom **Torre d'en Valls** (auch *Torre de Campanitx*) aus dem Jahr 1763 überragt, einem der zehn Wehrtürme, die im 18. Jh. zur Verteidigung der Insel errichtet wurden. Der Bau wurde 1846 durch einen Blitzschlag und die anschließende Explosion des gelagerten Schießpulvers zerstört und erst im Jahr 1982 auf Veranlassung des Inselrats restauriert. Von hier aus bietet sich ein herrlicher Blick bis zu der nur wenige Kilometer vor der Küste liegenden, unbewohnten *Illa de Tagomago* [s. S. 73] mit ihrer imposanten Steilküste.

ℹ Praktische Hinweise

Unterkunft

***Pou des Lleò**, Tel. 971 33 52 74, www.poudeslleo.com. Die einfache und recht gemütliche Pension verfügt über 16 Doppelzimmer mit Bad. Das Restaurant unter der Laube bietet gute Lammgerichte vom Grill (Nov.–März geschl.).

Restaurant

Can Salvadó, Calle Principal, Pou des Lleò, Tel. 971 18 78 79. Spezialitäten sind *Bullit de Peix* (Fischeintopf) und Paella.

Verführerisch lockt das tiefblaue Wasser an der malerischen Ostküste Ibizas

Auf dem Hippiemarkt des Las Dalias in Sant Carles de Peralta findet jeder attraktive Souvenirs

30 Sant Carles de Peralta (San Carlos)

Das hübsche Dorf ist besonders bei Hippies beliebt.

Kleine Felder, auf denen Mandel- und Olivenbäume wachsen oder Tomaten, Artischocken, Kartoffeln und Wein gedeihen, prägen die freundliche bäuerliche Landschaft rund um das Dorf Sant Carles de Peralta. Noch präsentiert sich das *Marktzentrum* dem Besucher teilweise so ursprünglich wie in den Kindertagen des Ibiza-Tourismus. Wie in alten Zeiten sieht man Frauen mit schwarzen Kopftüchern vor ihren weißen, rebenumrankten Häusern sitzen, treffen sich die alten Männer des Dorfes zum Kartenspiel in der Bar. Selbst einen Krämerladen gibt es noch, in dem jetzt allerdings auch internationale Zeitungen und Zigaretten zum Sortiment gehören.

Bereits in den 1960er-Jahren ließen sich in der Umgebung des schönen Ortes viele Aussteiger nieder. Einige erwarben günstig Fincas und versuchten, in Kommunen ihre Ideale zu verwirklichen. Zum verbliebenen harten Kern dieser ersten Hippiegeneration hat sich eine neue Gruppe von ›Aussteigern auf Zeit‹ gesellt, die den Rest des Jahres in der Heimat fleißig ihr Geld verdienen.

Ein Schmuckstück ist die strahlend weiße Wehrkirche **Parroquia de Sant Carles** vom Ende des 18. Jh. mit ihrem offenen Glockenstuhl. Das Deckengebälk der zweischiffigen Vorhalle ist aus dem kostbaren Holz des Phönizischen Wacholders gearbeitet. Im Inneren des stets blumengeschmückten kleinen Gotteshauses ziehen vor allem die modernen geschnitzten Darstellungen der Kreuzwegstationen den Blick auf sich.

Legendenstatus genießt bei den ausländischen Residenten **Anita's Bar** gegenüber der Kirche, früher kultureller Mittelpunkt der Szene, auch weil es hier das einzige Telefon im weiten Umkreis gab. Inzwischen hat die in die Jahre gekommene, aber noch immer funktionstüchtige Telefonzelle einen Ehrenplatz in der noch immer beliebten Kneipe. Unverändert ist bis heute das System der Briefzustellung: Da die Häuser weit verstreut liegen und meist nur schwierig zu erreichen sind, wird die Post in der Bar gelagert – und zwar in hölzernen Schließfächern, die eine ganze Wand des Lokals einnehmen.

Treffpunkt der ›Alternativen‹ ist jeden Samstag der Garten des **Las Dalias**, eines hervorragenden Restaurants, etwa 1 km vor Sant Carles an der Straße nach Santa Eulària. Auf dem dortigen *Hippiemarkt* kann man fantasievolle Strickklamotten, bunte Batikkleider und Lederhosen in allen Farben erstehen. Maulbeermarmelade und grobkörniges Salinensalz, abgefüllt in Tontöpfe, sind originelle Mitbringsel. Bereits frühmorgens bauen die Erben der Flower-Power-Bewegung die ersten Stände auf und im Laufe des Tages wird es hier ziemlich voll.

Eine gut restaurierte Finca am Ortsausgang in Richtung Can Jordi beheimatet heute das **Museu es Trui de Can Andreu** (Tel. 971 33 07 28, Di–Sa 11–14, 16–18 Uhr), das Besucher in das Leben vergangener Zeiten zurückversetzt. Die einfachen und schmucklosen, im Sommer herrlich kühlen Räume sind mit bäuerlichem Mobiliar versehen.

Reizvolle Spazier- und Wanderwege erschließen das Gebiet östlich von Sant Carles an den Hängen des Berges *Talaia de Sant Carles* (230 m).

ℹ Praktische Hinweise

Restaurants

Las Dalias, 1 km südwestlich von Sant Carles de Peralta, Tel. 971 32 68 25, www. lasdalias.com. Hier speist man vorzüglich Lamm und Fisch. Große Salatauswahl. Täglich preiswertes Mittagsmenü.

Bar

Anita's Bar, Hauptstraße von Sant Carles, gegenüber der Kirche, am Abzweig zur Cala Sant Vicenç, Tel. 971 33 50 90. Das einstige Hippiezentrum bietet einen sehenswerten Schankraum, Tische im Freien, Drinks und kleine Snacks.

31 Platja d'es Figueral

Ein Urlaubsidyll par excellence.

Jahr für Jahr treffen sich Familien im Sommer in der kleinen Feriensiedlung Es Figueral, 2 km südlich der Cala de Sant Vicenç. Bevorzugt wohnt man im *Clubhotel Cala Blanca* [s.u.] und lässt die Tage angenehm im ruhigen Gleichklang von Sonnenbaden und Schwimmen an der dunkelsandigen Platja d'es Figueral vergehen. Und zwischendurch wird man in einem der kleinen Restaurants des Ortes kulinarisch verwöhnt. Vorgelagerte Felsen und dunkler Sand prägen die von einem Pinienwald gerahmte Bucht, in der selbst es allerdings kaum Schatten gibt. Wunderschön einsam ist es außerhalb der Sommersaison, dann kehrt Ruhe in Es Figueral ein, und man kann herrliche Strandspaziergänge unternehmen, ohne einem Menschen zu begegnen.

In Es Figueral werden auch attraktive Bootsausflüge angeboten, beispielsweise zur naturgeschützten **Illa de Tagomago**. Auf der 1,5 km^2 kleinen, unbewohnten Felseninsel gibt es nur einen Leuchtturm und ein Haus. Man findet hier jedoch einige schmale Strände, die zum schwimmen, schnorcheln und tauchen gut geeignet sind. Segler ankern an der Einbuchtung auf der Westseite der Insel, dem einzig möglichen Ankerplatz.

ℹ Praktische Hinweise

Hotel

***Club Cala Blanca**, Platja d'es Figueral, Tel. 971 33 51 00, www.invisahoteles.com. Clubhotel mit vielseitigem Animations- und Sportangebot. Abenteuerspielplatz und Kids' Club.

Der Hit für den Familienurlaub – die Platja d'es Figueral an der Ostküste

Ibizas Norden – beschauliche Bauernlandschaft

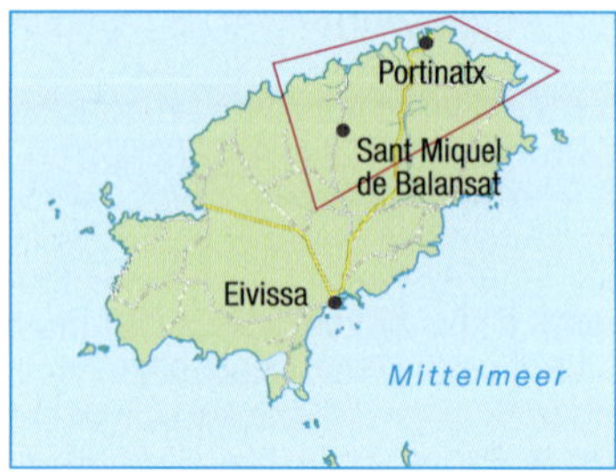

Ibiza-Kenner schwärmen für den ruhigen ländlichen Norden der Insel, in dem es noch Bauerndörfer wie **Sant Llorenç de Balàfia**, **Sant Joan de Labritja** oder **Santa Gertrudis** gibt, die weitgehend ihren traditionellen Charakter bewahrt haben. Wer mit aufmerksamem Blick durch die Landschaft fährt, wird sich immer wieder am Anblick der weißen, von Wein und Bougainvillea umrankten Fincas inmitten großer, terrassierter Gärten erfreuen. Auf roter, fruchtbarer Erde wachsen Getreide, Obst und Gemüse, stehen Oliven-, Johannisbrot- und Mandelbäume. Da die Quadratmeterpreise vergleichsweise niedrig sind und ein Bauernhaus im ibizenkischen Stil noch erschwinglich ist, verwundert es kaum, dass hier viele Residenten ansässig sind. Morgens nach dem Einkauf genießt man die Sonne in einem der zahlreichen Cafés, abends lässt man den Tag in der Dorfkneipe bei Tapas und Bier ausklingen.

Mit großartigen kulturellen Sehenswürdigkeiten ist diese Region nicht gerade gesegnet, die wenigen Städte und Dörfer besitzen mit Ausnahme einer wehrhaften Kirche oder eines Wachturms kaum historische Bauwerke. Inselweit berühmt ist jedoch die Höhle **Cova de Can Marça** oberhalb der Bucht von Port de Sant Miquel, deren Alter auf 100 000 Jahre geschätzt wird.

Ibizas Norden eignet sich bestens für **Wanderungen** oder **Ausritte**. So existieren in mehreren Orten Reitställe, die trittsichere und geduldige Tiere auch für unerfahrene Reiter bereit halten. Wer mit dem Auto unterwegs ist, sollte sich Zeit nehmen. Denn immer wieder fehlen Wegweiser und man landet nicht dort, wo man ursprünglich hin wollte. Kein Grund zur Besorgnis: Man entdeckt auf diese Weise neue, landschaftlich lohnende Ziele, die man dann, ausgestattet mit einer Wanderkarte, am besten zu Fuß erkundet. Da wechseln sich nahezu schwindelerregende Steilküsten mit kleinen Sandbuchten ab. Naturliebhaber und Individualisten finden ein Paradies vor, in dem zum Beispiel auch die kormoranartige Krähenscharbe und der Eleonorenfalke zu Hause sind.

Ibizas Norden ist ein wahrhaft ländliches Idyll mit verstreut liegenden Fincas

32 Cala de Sant Vicenç (Cala de San Vicente)

Ein ländliches Idyll und eine charmante Bucht.

Die kleine Ortschaft **Sant Vicenç de sa Cala** im Nordosten der Insel besteht aus zahlreichen, weit verstreut liegenden Fincas, deren sozialer und kultureller Mittelpunkt – ganz typisch für das ländliche Ibiza – die einsam stehende *Kirche* (19. Jh.) ist. Wie viele andere hiesige Gotteshäuser beeindruckt auch dieses durch seinen wehrhaften Charakter und seine schlichten kubischen Formen.

Ein Spaziergang von etwa ein bis einhalb Stunden Dauer führt von der Kirche durch schöne Bauernlandschaft zur 4 km entfernten Cala de Sant Vicenç. Man folgt dabei dem **Torrent de sa Cala**, einem ausgetrockneten Bachbett, in dem üppiger Oleander blüht und Eidechsen ein Sonnenbad nehmen. Rechts und links rahmen immer wieder typische Trockenmauern kleine Gemüse- und Obstfelder ein. Dazwischen liegen kleine Gehöfte, von denen einige noch den traditionellen Außenofen besitzen, in dem früher Brot auf Vorrat gleich für mehrere Wochen gebacken wurde. Einen pittoresken Anblick bieten auch die Bauerngärten, in denen Granatäpfel-, Orangen-, Zitronen- und Olivenbäume stehen, Kakteen aller Arten wuchern, Weinreben sich malerisch über die Mauern ranken. Ziegen meckern, Schweine grunzen – ein wahrhaft ländliches Idyll.

Dann hat man schon sanft gerundete **Cala de Sant Vicenç** erreicht, die umgeben ist von steilen Klippen und Hügeln, bedeckt mit Pinien- und Kiefernwäldern. Obwohl die Bucht vom Massentourimus verschont geblieben ist, entstehen neue Unterkünfte und Restaurants. Klotzige Hotels und Apartmentanlagen erinnern an die Frühzeit des Fremdenverkehrs. Heutzutage bemüht man sich um eine Aufwertung der Bucht. So wurden Teile des Kiesstrandes mit Sand aufgeschüttet und es werden zahlreiche *sportliche Aktivitäten* angeboten, z. B. Tretbootfahren, Windsurfen und Wasserskilaufen. Auch Schnorchler und Taucher schätzen die Cala de Sant Vicenç, geraten angesichts der bunten Unterwasserwelt um die vorgelagerten Felsen und rahmenden Klippen richtig ins Schwärmen.

Einen Sandstrand scheinbar ohne Grenzen bietet die Cala de Sant Vicenç

Nach Norden hin wird die Bucht von der Landspitze **Punta Grossa** begrenzt. Hier erreichen die Klippen eine für Ibiza beachtliche Höhe von 177 m. Steil fallen die Felsen ins Meer ab, von oben überblickt man die Buchten im Süden. Hier oben stehen stets einige Begeisterte, die das Bilderbuch-Panorama fotografieren.

ℹ Praktische Hinweise

Hotel

Cala San Vicente, Platja de Sant Vicenç, Tel. 971 32 01 21, www.grupotel.com. Hotelblock mit Mittelklassekomfort und kleinem Pool direkt am schönen Strand.

Restaurants

Can Gat, Platja de Sant Vicenç, Tel. 971 32 01 23. Besonders zu empfehlen in diesem Strandrestaurant sind der Fischeintopf mit Reis (*Bullit de Peix*), der Langusteneintopf (*Caldereta de Langosta*) und die Paella.

Es Caló, Platja de Sant Vicenç, am Ende der Strandpromenade, Tel. 971 32 01 40. Das elegante Ambiente und die große Terrasse sind der ideale Rahmen für ein gepflegtes Candlelight-Dinner. Spezialität ist die *Mariscada*, Meeresfrüchte-Platte. Gut sortierter Weinkeller.

Pizzeria Ole, Edificio Las Aldelfas, Platja de Sant Vicenç, Tel. 971 32 01 37. Preiswerte italienische Küche, Pizza & Pasta sowie internationale Gerichte.

33 Cova des Cuieram

Ein Heiligtum aus punischer Zeit.

Oberhalb der Bucht von Sant Vicenç, fast auf dem Gipfel des mit Pinien bedeckten Hügels, liegt inmitten einer wilden und einsamen Landschaft die Cova des Cuieram, einer der geheimnisvollsten Plätze der Insel. Von Sant Vicenç aus führt ein stellenweise schlecht befestigter Fußweg hinauf, vorbei an der Bucht *Clot d'es Llamp* und etwa 1 km nach Norden. Jedoch ist der Eingang zur Höhle heute mit einem Gitter abgesperrt.

In der Cova des Cuieram entdeckten Archäologen im Jahre 1907 ein **Heiligtum für Tanit**, die punische Göttin der Fruchtbarkeit und der Wiedergeburt, der hier offensichtlich zwischen dem 5. und 2. Jh. v. Chr. Opfergaben dargebracht wurden. Davon zeugen archäologische Funde von Tierknochen, Dutzende von kleineren Tonfiguren und eine *Terrakottabüste* (etwa 4. Jh. v.Chr.), die Tanit in eine Mantilla gehüllt und mit einer tiaraähnlichen Kopfbedeckung, dem sog. *Kalathos*, darstellt. Eine weitere Sensation war der Fund von zwei Bronzeplaketten mit Inschriften. Die eine, datiert auf das 5. Jh.v. Chr., enthält eine Widmung an die punische Gottheit Melkart, die für Gesundheit und Wohlstand verantwortlich war. Die andere, wohl aus dem 2. Jh. v. Chr. stammende Plakette nennt einen Hohepriester namens Abdemun, Sohn des Azarbaal, als Baumeister des Altarraums. Die Funde werden im Museu Arqueològic von Eivissa [s. S. 24] gezeigt.

34 Sant Llorenç de Balàfia (San Lorenzo) und Balàfia

Ein stilles und ein wehrhaftes Dorf.

15 km nördlich von Eivissa, etwa 1 km abseits der C 733, liegt das kleine Dorf Sant Llorenç de Balàfia, dessen Bewohner vor-

nehmlich von der Landwirtschaft leben. Ein paar Häuser gruppieren sich um die helle **Esglèsia de Sant Llorenç**, die 1797 fertiggestellt wurde. Die große rechteckige Kirche ist von einem Tonnengewölbe überfangen und besitzt mehrere Kapellen. Wie die meisten ibizenkischen Gotteshäuser hat auch dieses einen rechteckigen Vorhof, der durch ein rundbogengeschmücktes Tor zugänglich ist.

Auf dem Weg zum 1 km nordöstlich gelegenen Weiler Balàfia passiert man zunächst das **Can Pere Mosson**, ein Haus mit einem hohen Wachturm. Zum Anwesen gehören auch mehrere Gärten sowie eine Quelle, der eine Olivenpresse aus römischer Zeit als Wasserbecken dient. Wenig später erreicht man das archaische Dorf **Balàfia**. Der Name (arab. *balafi* = es gibt Wasser) deutet schon an, dass und warum hier bereits während der maurischen Epoche eine Siedlung existierte. Die niedrigen kubischen Häuser mit dicken weißen Mauern und kleinen Fenstern stammen allerdings erst aus dem 16. Jh. Damals entstanden auch die beiden Wachtürme (Privatbesitz) aus sandfarbenem Naturstein. Sie besitzen außer einem hoch gelegenen Eingang weder Fenster noch Türen, der Zugang erfolgte über Leitern. So dienten die Türme den Einwohnern des Dorfes im 16. Jh. als Fluchtburgen während der gefürchteten Piratenangriffe. Heutige Besucher können sorglos durch die Gassen bummeln und fotografieren.

ℹ Praktische Hinweise

Sport

Escuela de Equitación, Can Mayans, Ctra. Santa Gertrudis a Sant Llorenç, km 3, Tel. 971 18 73 88. Reiterhof mit ca. 40 Pferden. Angeboten werden Ausritte, außerdem Einzelunterricht auf dem umzäunten Parcours.

Hacienda de Caballos, Can Canavall, Ctra. a Sant Joan, Sant Llorenç, Tel. 971 32 42 80. Der gepflegte Reiterhof bietet Unterricht und Ausritte ebenso wie Kutschfahrten an. Wer möchte, kann im Gästehaus übernachten.

Restaurants

Balàfia, Ctra. a Sant Joan, km 15,4, Sant Llorenç, Tel. 971 32 50 19. In diesem rustikalen Lokal mit Grill im Freien lässt sich auch die Inselschickeria die köstlichen Lamm- und Huhngerichte schmecken.

Punische Grabbeigaben aus der Cova des Cuieram, die heute im Museu Arqueològic von Eivissa zu sehen sind

La Paloma Café, Tel. 971 32 55 43. 100 m unterhalb der Kirche, versteckt in einem Orangenhain, liegt dieses lässige Restaurant. Im Schatten der begrünten Terrasse gibt es von morgen um 9 Uhr bis tief in die Nacht Kuchen und Quiches, Smoothies und frische Säfte, Foccacias, exotische Salate und italienische Küche.

Wehrhafter Weiler – Balàfia ist das einzige noch erhaltene Dorf der Insel aus dem 16. Jh.

35 Sant Joan de Labritja (San Juan Bautista)

Ein typisch ibizenkisches Dorf.

Nachdem man von der Hauptstraße C733, die Sant Llorenç mit Portinatx verbindet, in östlicher Richtung abgebogen ist, gelangt man über eine kurvige Straße (1 km), vorbei an Olivenhainen und Bauernhäusern, nach Sant Joan de Labritja. Das freundliche Dorf liegt inmitten eines schönen Tals an der Nordwestseite der Serra de la Mala Costa, Ibizas recht imposanter nördlicher Hügelregion. Von der höchsten Erhebung, dem **Es Fornás** (410 m) südlich von Sant Joan, bietet sich an klaren Tagen ein großartiger Blick über die liebliche Landschaft bis zur Ostküste Ibizas.

Sant Joan ist mit Abstand die kleinste Gemeinde der Baleareninsel: Plusminus 5300 Menschen leben hier. Unter ihnen ist die Zahl der Zugezogenen groß – die Gemeinde hat den größten Ausländeranteil Ibizas. Es sind vor allem Deutsche, Franzosen und Rumänen, die ihren Hauptwohnsitz hier gemeldet haben. Da Sant Joan Sitz der Gemeindeverwaltung ist, ist werktags recht viel los. Wer seine geschäftlichen Angelegenheit erledigt hat, trifft sich vor den Banken und dem Rathaus auf einen Schwatz.

Im Zentrum des Ortes steht am baumbestandenen Kirchplatz die **Esglèsia de Sant Joan**. Die aus dem Jahr 1771 stammende große Kirche kann sich rühmen, mit ihrem pyramidenförmigen Turmdach den einzig wirklich spitzen Glockenturm Ibizas zu besitzen. Die Geschäfte rund um die **Plaça d'Esglèsia** haben ihr Angebot auch an den Bedürfnissen von Touristen orientiert. So kann man hier die für Ibiza typischen Strohtaschen und Leinenschuhe kaufen, außerdem Amulette und allerlei Schmuck, farbenfrohe bequeme Strandkleider im Indien-Look, Keramikteller und -schüsselchen. Ein Tabakladen hält internationale Zeitungen und Zeitschriften bereit, und in der gemütlichen Bar Vista Alegre [s. u.] gibt es – nach Angaben des Wirtes – den besten Cappuccino der Insel.

Um einen Eindruck von der ländlichwilden Schönheit der hügeligen **Serra de la Mala Costa** zu bekommen, bietet sich eine **Wanderung** von Sant Joan hinunter zur Küste nach Portinatx an. 11 km kann man durch Täler und über kleinere Berge laufen und folgt dem alten Pfad, den die Bewohner früher mit dem Pferdewagen oder Esel nahmen. Sollte der Wegverlauf einmal nicht mehr eindeutig sein, hilft das blaue Hinweisschild mit dem Eleonorenfalken weiter.

i Praktische Hinweise

Information

Turismo rural, Sant Joan, www.ibizarural hotels.com. In der Region gibt es viele verschiedene agrotouristische Unterkünfte. Die Mitglieder der Kooperative sind gute Ansprechpartner zu Informationen über Land und Leute.

Hotels

TOP TIPP ****The Giri Residence,** Calle Principal 3–5, Tel. 971 33 33 45, www.thegiri.com. Maurische Zitate neben skandinavischer Schlichtheit, Elemente des Country-Stil, kombiniert mit einem großzügigen Spa-Bereich: bis ins Detail durchdacht, ist das Giri eine Oase für Fans des Schönen, Guten und – leider auch –Teuren.

***Can Escandell,** zwischen Sant Joan und Sant Miquel, Tel. 971 33 35 40, www.canescandell.galeon.com. Die Essenz des ländlichen Wohnens, Zimmer wie aus einer Designzeitschrift, mit Bruchsteinmauern und poliertem Terrakotta – wunderschön und obendrein erschwinglich!

***Can Fuster**, Venda Las Ripolls 1, Tel. 971 33 73 05, www.canfuster.com. Historisches ibizenkisches Gästehaus inmitten eines 6 ha großen Besitzes. Die Räume sind mit Antiquitäten eingerichtet, schlicht und edel zugleich. Ideal für einen erholsamen Aufenthalt in schöner Umgebung.

Bar

Paloma Café, Apartado 156, Sant Llorenç, Tel. 971 32 55 43. Zitrusbäumchen, leise Musik, türkisblaues Mobiliar – einer der hippsten Plätze der Insel, ein Ort, an das Hippie-Ibiza noch einmal auflebt. Das internationale Publikum sitzt hier stundenlang bei Sandwiches, Kaffee und frischen Säften. Denselben Charme verströmt auch das Restaurant La Paloma mit seinem zauberhaften Garten, das ab 20 Uhr öffnet (www.palomaibiza.com).

Vista Alegre, Plaça d'Esglèsia, Sant Joan, Tel. 971 33 30 08. Die Café-Bar ist ein beliebter Treffpunkt, zumal man sich hier Tapas und ibizenkische Spezialitäten wie zum Beispiel *Flaón*, mit Ziegenkäse gefüllte Pastete, schmecken lassen kann.

Kein Wunder, dass sich Ursula Andress in der schönen Cala Xarraca wohlfühlte

36 Cala Xarraca

Ruhige Bucht zwischen zwei Landspitzen.

Einst strichen die Paparazzi um die halbmondförmige Cala Xarraca südwestlich von Portinatx, in der Hoffnung, dort die prominente Ferienhausbesitzerin vor die Kamera zu bekommen. Doch seitdem die deutsche Schauspielerin Ursula Andress ihre Villa oberhalb der Bucht verkauft hat, ist wieder Ruhe eingekehrt im Urlaubsparadies, kann man die Tage ungestört an den malerischen Stränden verträumen, sonnenbaden oder schwimmen. Die trotz der Nordlage durch Felsklippen vor stärkerem Wellengang geschützte Bucht eignet sich übrigens auch hervorragend zum Schnorcheln.

Von Ibizas stürmischer Vergangenheit erzählt der **Torre de Portinatx** (auch *Torre de Sa Plana*), der an der Ostseite auf der Punta Marés steht. Dieser konische Wehrturm, unter der Leitung von García Martínez, einem renommierten Baumeister seiner Zeit, im Jahre 1763 errichtet, gehört zu einer Reihe von Verteidigungsanlagen, die einst zum Schutz vor Piraten entlang der Küsten Ibizas entstand. Per Lichtsignal wurde damals die Nachricht von nahenden Feinden von Turm zu Turm weitergegeben.

Eine ca. 10 km lange Wanderung führt entlang der Küste um die Bucht herum und bietet unterwegs immer wieder Gelegenheit zu einem erfrischenden Bad.

i Praktische Hinweise

Restaurant

Xarraca, Platja de Cala Xarraca, Tel. 971 33 35 18. Angenehmes Fischlokal.

37 Portinatx

Urlaubsmaschinerie auf Hochtouren.

Das im äußersten Norden der Insel gelegene Portinatx (gesprochen: *Portinasch*) verfügt über zahlreiche Hotels,

Ferienklubs und Apartments. Der Hafenort schmückt sich auch mit der Bezeichnung Portinatx del Rey, königliches Portinatx. Grund dafür war ein Besuch von König Alfons XIII. im Jahre 1929, ein Ereignis, das selbstverständlich in die Annalen des Ortes eingegangen ist.

Häuser mit typisch ibizenkischem Gepräge, in Kubenform und weiß getüncht, manchmal auch in leuchtenden Farben, bestimmen das Ortsbild. Jedes Jahr nach Ostern bereiten sich die Bewohner auf die Sommersaison vor, geben ihren Häusern einen neuen Anstrich und überprüfen in Boutiquen und Cafés, ob Angebot und Ambiente noch ›in‹ sind. Die vielen, meist britischen Urlauber kommen vor allem wegen der drei schönen Sandstrände *Petit Arenal* und *Grand Arenal* sowie der an der östlichen Landspitze gelegenen *Platja es Port* hierher. Kiefern, Pinien und duftende Wacholderbäume säumen die Bucht und geben ihr die typisch mediterrane Note.

Das seichte Wasser ist wunderbar geeignet für Kinder, die darüber hinaus ihre helle Freude an der Wasserrutsche haben. Und auch Segler, die sich bestens am blau-weiß gestreiften Leuchtturm auf **Punta Moscarte**, der nördlichsten Spitze Ibizas, orientieren können, wissen die herrliche Naturbucht mit den vielen kleinen Seiteneinschnitten zu schätzen. Während der Sommermonate herrscht reges Treiben, kreuzen sich die Wege zahlreicher Segelboote und Ausflugsschiffe.

ℹ Praktische Hinweise

Hotels

****Club Vista Bahia**, Cala Xarraca, Portinatx, Tel. 971 32 06 23. An einem Steilhang gelegenes Ferienhotel für Familien, dessen 175 Zimmer sich auf acht Gebäude verteilen. Die einzelnen Häuser liegen zwischen Gärten, im Zentrum des Komplexes locken mehrere Pools. Alle Zimmer besitzen einen Balkon oder eine Terrasse mit Meerblick. Mit vielseitigem Sportangeboten und All-inclusive-Programm, auch getrennt für Speisen und Getränke.

*****Marconfort El Greco**, Cala Portinatx, Portinatx, Tel. 971 32 05 70, www.marcon fort.com. All inclusive-Hotel mit 242 Balkonzimmern. Ein Pool, dazu großes Freizeit- und Sportangebot.

Der feine Sandstrand von Portinax mit kleinem Pinienhain ist im Sommer stets viel besucht

38 Santa Gertrudis de Fruitera

TOP TIPP *Bars und Boutiquen prägen den hübschen Ort im Obstanbaugebiet.*

Großen Wert legen die Bewohner von Santa Gertrudis de Fruitera auf den Namenszusatz ›Fruitera‹, verrät er doch, welch große Bedeutung dem Obstanbau in dieser Region zukommt. Weingärten hängen im Herbst voll zuckersüßer Trauben, aus den Früchten der mächtigen Johannisbrotbäume wird köstlicher Johannisbrotsaft gekeltert und zu *Palo*, einem beliebten Aperitif, destilliert.

Der Ort im Inselinneren besteht aus nicht viel mehr als ein paar schlichten, weiß verputzten Häusern mit Bougainvillea-Farbklecksen. Während der Sommermonate spielt sich hier das Leben im Freien ab, genießen Einheimische wie Gäste auf den Holzstühlen vor den Bars tagsüber einen *Café con Leche* und abends eine *Copa de Vino*. Das Dorf, lange Zeit Geheimtipp bei Hippies und bei den auf der Insel ansässigen Residenten, hat sich inzwischen zu einem viel besuchten *Ausflugsziel* gemausert. Nicht zu übersehen ist denn auch der große Parkplatz am Ortseingang, der eigens für Busse angelegt wurde. Wer mit dem Auto kommt, kann dieses an der **Plaça d'Església** im Zentrum abstellen. Dort steht die schlich-

Restaurant

S'Arena, Cala Portinatx/Platja s'Arenal Gran, Portinatx, Tel. 971 32 05 15.
In dem mittags und abends geöffneten Strandlokal werden auf der Terrasse regionale Spezialitäten wie *Pulpitos salteados*, gebratene kleine Kraken, und allerlei weiterer Fisch und Meeresfrüchte serviert.

Holzschnitzereien und edle Stoffe bietet die Galería Origins in Santa Gertrudis de Fruitera

te **Kirche** aus dem 18. Jh. mit ihrem markanten gelben Glockentürmchen. Wer durch die Straßen schlendert, wird ein wenig von jener Atmosphäre verspüren, die Künstler und Hippies bis heute in diesen Ort zieht. Einige dieser ›Aussteiger‹ haben inzwischen attraktive **Boutiquen** eröffnet, in denen man zwischen antikem spanischem Mobiliar, asiatischen Einrichtungsgegenständen, Kleidern und Büchern stöbern kann. Eine gute Adresse vor allem für Neu-Residenten, die noch ihre Finca einrichten müssen, ist die **TOP TIPP** **Casi Todo** (Tel. 971 19 70 23, www.casitodo.com), laut Untertitel ›Bar & Country Auctions‹. Neben dem Freiverkauf versteigert hier der britische Besitzer jeden ersten und dritten Freitag sowie Samstag im Monat Antiquitäten, Bilder, Keramik und Gartengeräte. Auch wer nicht kaufen will, sollte sich diese Auktionen allein schon wegen des Humors ihrer Betreiber nicht entgehen lassen.

Entlang der Hauptstraße gibt es mehrere gute Bars und Restaurants. Besonders beliebt und bevorzugtes Fotomotiv ist die **Bar Costa** [s.u.], die aufgrund ihrer Atmosphäre für viele als schönste Adresse Ibizas gilt. Hier hängt der beste ibizenkische Schinken, der luftgetrocknete *Cesina*, von der Decke, die Ölgemälde an den Wänden zeigen Motive aus Ibiza und Südamerika. Reißenden Absatz finden die *Bocadillos*, leckere Sandwiches. Besonders der *Bocadillo completo* mit Schinken, Käse, Tomaten und Zwiebeln hat es den Gästen angetan.

ℹ Praktische Hinweise

Einkaufen

La Galeria Elefante, 2 km südlich von Santa Gertrudis (PM 804), Tel. 971 19 70 17. Wer auf dem Weg nach Santa Getrudis pinke Elefanten sieht, sollte halten: Die Galeria hat sich spezialisiert auf Buntes und Schönes für Häuser und Menschen. Einen Stopp wert allein schon wegen der Location, einer Finca aus dem 17. Jh.

TOP TIPP **Libro Azul**, Sa Nova Gertrudis, Santa Gertrudis, Tel. 971 19 74 54, www.libro-azul-ibiza.com. Deutsch, Spanisch, Englisch, Holländisch – die internationale Buchhandlung bietet umfangreiche Literatur über Ibiza, einiges an Belletristik und tolle Fotobände. Außerdem kann man hier Aquarelle oder Zeichnungen verschiedener Künstler erwerben.

Hotel

TOP TIPP ***Cas Gasi**, Camino Viejo a San Mateo, Santa Gertrudis, Tel. 971 19 77 00, www.casgasi.com. Die deutsch-spanische Besitzerfamilie transformierte ihre luxuriöse und stilvolle Finca in ein individuell geführtes Luxushotel. Das Hauptgebäude wurde 1880 aus Naturstein erbaut. Heute beherbergt es Zimmer und Suiten im prächtigen spanischen Landhausstil. Das Frühstück wird im Wintergarten serviert und man blickt auf den exquisiten Garten mit Palmen, Felsengruppierungen und schönem Pool. Viele Stammgäste.

Restaurants

Bar Costa, Plaça d'Església, Santa Gertrudis, Tel. 971 19 70 21. Nicht nur die *Bocadillos*, die fantastischen Schinken-Sandwiches, sind hier der Hit, sondern auch der Ziegenkäse mit Oliven.

La Plaza, Plaça d'Església, Santa Gertrudis, Tel. 971 19 70 75, www.laplazasantagertrudis.com. Französische Küche vom Feinsten gibt es in diesem Gartenlokal. Das Rinder-Carpaccio zum Beispiel zergeht auf der Zunge, auch der Salat mit warmem Ziegenkäse und die *Ensalada Nicoise* sind ein Genuss.

Bar

Café Restaurant Musset, Carrer Venda de Sa Parada, Santa Gertrudis, www.mussetibiza.com. Hier zeigt Ibiza sein frisches Gesicht. Die junge Generation der Ibizenkos sitzt an ihren Klappcomputern, nippt am frisch gepressten Saft aus Früchten und Ingwer. Noch finden wenig Touristen den Weg ins Musset – dafür schwärmen die Einheimischen von weit her zu diesem besonderen Ort.

39 Sant Miquel de Balansat (San Miguel de Balanzat)

Folklore vor der Wehrkirche.

Pinienwälder, Obstplantagen und Zitrushaine umgeben die Ortschaft Sant Miquel de Balansat 10 km nördlich von Santa Gertrudis, etwa auf halbem Weg zum Meer. Schon von weitem sieht man ihr Wahrzeichen, die wuchtige auf einem Hügel thronende Wehrkirche **Església de Sant Miquel** (im Sommer Mo–Sa 10–19 und So zur Messe 11 Uhr) aus dem 16. Jh.

Jeden Donnerstag gibt es einen traditionellen Folkloretanz in Sant Miquel de Balansat

Einem Dokument aus dem Jahr 1784 zufolge wurde sie auf den Fundamenten einer Kapelle aus dem 14. Jh. errichtet, deren Reste heute das Langhaus mit seinen gotischen Bögen bilden. Sie gilt damit als älteste Kirche Ibizas. Eine für ibizenkische Gotteshäuser typische Vorhalle mit Arkaden spendet den Kirchgängern an heißen Tagen Schatten. An der rechten Seite angebaut ist die auch ›Bemalte Kapelle‹ genannte *Capilla de Benirràs*. Die schwarz-roten Fresken an ihren Wänden und im Gewölbe wurden bei einer Restaurierung entdeckt. Neben ornamentalem Dekor kann man auch Darstellungen von Löwen und Pfauen erkennen. Diese überregional bedeutenden Kostbarkeiten der Kirche stammen laut einer Inschrift von 1691.

Zwar hat sich die Siedlung Sant Miquel in den vergangenen Jahren ausgedehnt, doch seine beschauliche Atmosphäre ist im alten Ortskern noch immer vorhanden. Hier spenden Platanen den niedrigen Häusern Schatten, Männer spielen im Freien Karten, und nur die zur Esglèsia de Sant Miquel hinauffahrenden Busse wirbeln Staub auf.

Berühmt sind die jeden Donnerstag ab 18 Uhr im Vorhof der Kirche auftretenden **Folkloregruppen**. Aus allen Teilen Ibizas kommen Busse mit Touristen, die sich eine der wenigen Gelegenheiten, typisches Brauchtum der Insel zu erleben, nicht entgehen lassen wollen. Die Tänzer tragen historische, farbenprächtige und bestickte Trachten und folgen den Rhythmen von Flöten, Trommeln und Kastagnetten. Anschließend werden Wein und *Hierbas* ausgeschenkt, die Stimmung steigt, und man fühlt sich wie auf einem Dorffest in alten Zeiten.

ℹ Praktische Hinweise

Hotel

*****Can Planells**, Ctra. De Venda Rubió 2, 1,5 km westlich von Sant Miquel, Tel. 971 33 49 24, www.canplanells.com. Das alte Bauernhaus besitzt heute acht luxuriöse Gästezimmer, mehrere davon mit Jacuzzi und eigener Terrasse. Ein großer Pool steht auch zur Verfügung.

***Cas Pla**, Lugar Venda de Rubio, 59, Tel. 971 33 45 87, www.caspla-ibiza.com. Verträumte Finca mit persönlichem Touch, der italienische Besitzer Massimo kümmert sich noch um jeden Gast.

Restaurant

Can Cameta, Carrer d'Esglèsia, Sant Miquel, Tel. 971 33 49 47. Gute Pastakreationen.

40 Port de Sant Miquel

Die einstmals ruhige Bucht verwandelte sich in ein Tourismuszentrum.

Der Kontrast zwischen dem fast beschaulichen Dörfchen Sant Miquel [Nr. 39] und dem nahen Strand und **Hafen** von Port de Sant Miquel, der sich an der fjord-ähnlichen gleichnamigen Cala entlangzieht, könnte kaum größer sein. Die ersten Urlauber der 1960er-Jahre erfreuten sich noch an der herrlichen Landschaft, den wilden Gärten und rotbraunen Terrassen, an Laubwald, Wiesen und Feigenbäumen, an friedlich im Wasser schaukelnden Fischerbooten. Heute ist die kleine von Klippen gerahmte Bucht völlig mit gesichtslosen, überdimensionierten Hotels zugebaut.

Der **Strand** ist zwar feinsandig, doch es gibt keinen Schatten. So versuchen Touristen bereits am frühen Morgen, einen Sonnenschirm zu ergattern. Besonders malerisch ist der Blick von der hinter den Hotels verlaufenden Klippenstraße auf die bizarren Felsformationen an der Küste und auf die vorgelagerten kleinen Inseln.

Zu den Attraktionen der Bucht zählt die oberhalb an ihrer Ostseite gelegene **Cova de Can Marça** (Tel. 971 33 47 76, www.covadecanmarsa.com, Höhlentemperatur stets um 20°C, Führungen Mai–Okt. tgl. 10.30–13.30 und 14.30–20 Uhr alle 30 Min., Nov.–April tgl. 11–17.30 Uhr alle 45 Min.). Über einen aus dem Fels geschlagenen Weg gelangt man zum Eingang dieser 13 m über dem Meeresspiegel gelegenen Tropfsteinhöhle. Ihr Alter wird auf 100 000 Jahre geschätzt. Wissenschaftler entdeckten bei ihrer Erforschung Knochen längst ausgestorbener Nagetiere.

Die Cova ist fast ganz versteinert, lediglich im unteren Bereich sorgt steter Tropfen für den immer neuen Aufbau von Stalagmiten und Stalagtiten. Es wird an-

genommen, dass die Höhle in der Vergangenheit von Schmugglern und Piraten als Schlupfwinkel und Schatzkammer genutzt wurde. In der Höhle sind noch rote und schwarze Farbmarkierungen zu erkennen, die früher offensichtlich den Weg zu weiteren Ausgängen wiesen.

Praktische Hinweise

Restaurant

Port Balanzat, Port de Sant Miquel, Tel. 971 33 45 27. Das beste Restaurant am Meer, dafür etwas teurer. Mit Blick auf das Wasser genießt man Fischspezialitäten, Krabbencocktail oder Paella.

41 Cala Benirràs

Unvergesslicher Sonnenuntergang am Strand.

Die exzentrische Sängerin Nina Hagen bewies Geschmack und Landeskenntnis, als sie 1987 hier heiratete. Die Cala Benirràs zählte ohne Zweifel zu den schönsten Buchten Ibizas – jedenfalls bis ein Großfeuer im August 2010 das Gebiet großflächig zerstörte. Es bleibt abzuwarten, wie und wann sich Natur und Tourismus von dieser Katastrophe erholen. Nach wie vor zieht sich der mit grobkörnigem Sand aufgeschüttete Kiesstrand unterhalb recht steiler Felswände entlang. In dem klaren Wasser der Bucht, das in allen Blautönen schimmert, setzt ein schlanker Fels einen hellen Akzent. Hier genießen nicht nur Schnorchler die vielfältige Unterwasserwelt, sondern auch

Fantastisches Farbenspiel der Mineralien in der Cova de Can Marça bei Port de Sant Miquel

Ein unvergesslicher Blick – der Strand von Cala Benirràs in guten Tagen

zahlreiche Segler gehen hier vor Anker, um den romantischen Sonnenuntergang zu beobachten.

In den 1960er-Jahren trafen sich hier Hippies und junge Leute zum unkonventionellen Musizieren, im August versammelte man sich zum Trommeln für den Weltfrieden. Obwohl viele Jahrzehnte vergangen sind, scheint die Anziehungskraft der Cala Benirràs ungebrochen: auch heute noch treffen sich hier Musiker mit ihren Fans.

Wer ein wenig Bewegung ins Strandleben bringen möchte, kann wunderbar entlang der Küste gen Nordosten zu den Fischerbuchten **Caló des Moltons** und **Cala d'en Ferrer** wandern und nach der Rückkehr den Tag im Café-Restaurant *Roca y Mar* [s.u.] an der Platja de Benirràs romantisch ausklingen lassen. Hier trifft sich eine junge Szene und genießt mediterrane Köstlichkeiten wie Paella und bestes *Aioli* (Knoblauchmayonnaise) oder eine der unwiderstehlichen Cocktailkreationen.

i Praktische Hinweise

Restaurant

Roca y Mar, Platja de Benirràs, Tel. 971 33 35 32. Schmackhafte regionale Küche und frische Meeresfrüchte locken in dieses Lokal (im Sommer tgl. 10–23 Uhr).

Unvergessliche Sundowner

Wenn die Sonne tiefer sinkt und sich die gelben Sandsteinfelsen golden färben, sucht jeder auf Ibiza ein perfektes Plätzchen, um diesen Moment zu genießen: Der Sonnenuntergang wird auf der Insel geradezu hymnisch gefeiert. Und das ist wortwörtlich gemeint, denn die Musik dazu liefert seit 20 Jahren das **Café del Mar** in Sant Antoni. Jeden Abend schaut hier eine riesige Fangemeinde zu, wie der glutrote Ball zu Sphärenklängen im Meer verschwindet – der legendäre Ibiza Sunset endet meist mit viel Applaus. Wem dieser Trubel zu viel ist: Insider pilgern zu den Klippen der Westküste, um das Naturschauspiel zu genießen – einmalig ist der Blick vom **Torre d'en Pirata** [s. S. 45] 200 m über der Insel Es Vedrà. Ein besonderes Sunset-Erlebnis ist auch die Hippie-Tradition an der Cala Benirras [s. S. 84]. Vor allem sonntags kommen Trommler und Tänzer zusammen, um zu feiern, bis die Sonne im Meer verglüht. Ein Traumplatz ist auch das **Sunset Ashram** [s. S. 52], das über den Platjes des Ses Comptes an einer Felsklippe thront: Hier erlebt man einen der schönsten Sonnenuntergänge der Insel.

Auch auf **Formentera** wird das Ende des Tages zelebriert, z. B. beim entspannten Sundowner in der Beachbar **Big Sur** an der Platja Es Cavall d'en Borràs (in der Nähe von Sa Savina).

Ibizas Westküste –
Wiege und Hochburg des Tourismus

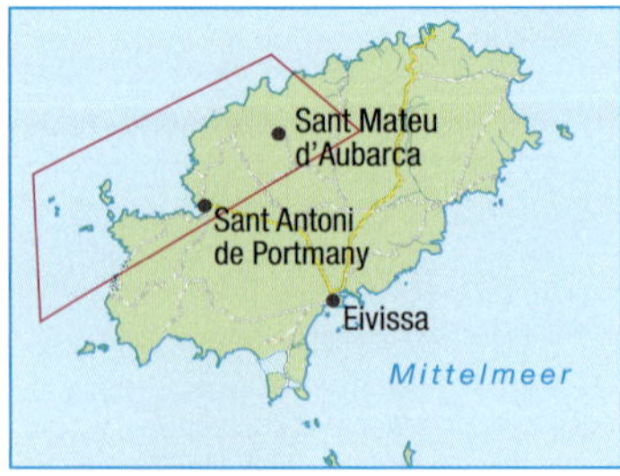

Der Siegeszug des ibizenkischen Fremdenverkehrs begann an der Westküste. So entstanden in **Sant Antoni de Portmany** in den 1950er-Jahren die ersten kleinen Hotels. Größer, billiger, schneller hieß dann allerdings die Devise bei der Erschließung. Die Urlaubsmaschinerie läuft nach wie vor auf Hochtouren, doch man hat aus den Fehlern der Anfangsjahre gelernt. Die schlimmsten Bausünden wurden mittlerweile ausgemerzt und seit einiger Zeit liegt Ibizas Westküste wieder voll im Trend. Nirgendwo – das zumindest sagen Liebhaber von Sant Antoni und Umgebung – ist die Szene bunter, das Angebot an Bars und Diskotheken besser. Zum Sonnenuntergang trifft man sich im **Café del Mar**, das schon lange Kultstatus erreicht hat: Seit den 1990er-Jahren lauscht das Publikum hier dem balearentypischen Mix aus Chillout- und Lounge-Musik und feiert mit viel Applaus jeden Sonnenuntergang. Anschließend geht es in die nahen Clubs, zum Tanzen bis weit in den Morgen hinein. Und dann folgt der nächste Tag am Wasser. Weit muss man nicht fahren, um zu kleinen, romantischen Strandbuchten wie zum Beispiel der **Cala Salada** zu gelangen, das kleine Ibiza ist eben eine Insel der kurzen Wege.

Trotz der Klischees überrascht die Westküste den unvoreingenommenen Besucher mit erstaunlicher mediterraner Vielfalt. Zu entdecken gibt es beispielsweise die von Dünen und Pinien geprägte **Cala Comte**, ein Küstengebiet von nahezu unberührter Schönheit. Inmitten von Olivenhainen und Lavendelfeldern liegen kleine Dörfchen wie **Santa Agnès de Corona**, Zentrum des bäuerlichen Lebens, und **Sant Mateu d'Aubarca**, in dem das Zirpen der Grillen noch nicht durch Discorhythmen gestört wird. Und auch die **Cova Santa Agnès**, eine jahrhundertealte Höhlenkapelle, sollte unbedingt besichtigt werden.

Sant Antoni und seine Marina: Die Hafenstadt ist das touristische Zentrum der Insel

42 Sant Antoni de Portmany (San Antonio Abad)

Die Hafenstadt bietet Urlaubshochstimmung rund um die Uhr.

Sant Antoni de Portmany (22 000 Einw.), Verwaltungssitz der *Großgemeinde* gleichen Namens mit den Dörfern Sant Rafel de Forca, Santa Agnès und Sant Mateu d'Aubarca, und zweitgrößte Stadt der Insel ist zugleich eine der ältesten Siedlungen Ibizas. Seinen weitläufigen Hafen schätzten schon die **Römer**. Die Bezeichnung Portmany geht auf das lateinische *Portus magnus*, großer Hafen, zurück. Seit dem Abzug der Römer allerdings ist Sant Antoni wieder zu einem eher unbedeutenden Fischerdorf geworden.

Etwa ab 1960 war Sant Antoni als Badeort der Westküste bei den Urlaubern besonders beliebt, was vor allem den stadtnah gelegenen Stränden zu verdanken ist. Doch schon der deutsche Philosoph und Schriftsteller Walter Benjamin, der im Frühjahr 1933 nach Sant Antoni de Portmany ins Exil ging, übte Kritik: »Bei Licht besehen gibt es im Umkreis von San Antonio, der mit allen Schrecken der Siedler- und Spekulantentätigkeit geschlagen ist, keinen ruhigen Winkel mehr. Auch der billigste Aufenthalt kommt teuer zu stehen.« Tatsächlich: Das einst so idyllische Fischerdorf an der Nordseite der Badia de Sant Antoni hat sich in einen wenig malerischen, stark frequentierten Urlaubsort verwandelt. Die Hafenstadt an der mittleren Westküste ist inzwischen das bedeutendste Touristenzentrum Ibizas geworden, leider auch mit negativen Begleiterscheinungen: Die Wasserqualität in der Bucht lässt stellenweise zu wünschen übrig, die Hotels zählen zu den einfachsten der Insel.

Einen ausgezeichneten Ruf bei Seglern genießt die Marina von Sant Antoni de Portmany

Auch wenn es der touristischen Infrastruktur an Qualität mangelt, sie macht es durch Quantität wett. Nirgendwo auf Ibiza findet man mehr Hotels, Restaurants, Bars und Diskotheken. Auch das Sportangebot der Tennisklubs und Wassersportanbieter lässt kaum Wünsche offen. Was man von der *architektonischen Gestaltung* des Ortes allerdings nicht behaupten kann, denn man baute hier die gesamte Bucht zu.

Sobald die Saison beginnt, ist das im Winter so ruhige Sant Antoni nicht wiederzuerkennen. Im Juli und August vergnügen sich am Strand um die 200 000 Touristen und machen später in den Discos die Nacht zum Tage. Die überwiegend jugendlichen Besucher stammen vorwiegend aus Großbritannien und fallen regelmäßig im Zusammenhang mit Alkohol und Drogen auf.

Um sein Image aufzubessern, hat sich Sant Antoni vor einigen Jahren ein *Verschönerungsprogramm* auferlegt. Zahlreiche Straßen wurden begrünt, Neonlampen durch Laternen ersetzt und vermehrt verkehrsberuhigte Zonen geschaffen. So rücken an den Meerespromenaden **Passeig Marítim** und **Passeig de ses Fonts** die Hochhaushotels optisch zugunsten von blumengeschmückten Beeten und hübschen Straßencafés in den Hintergrund. Mit ihren zahlreichen Restaurants, die im Freien neben Inselspezialitäten auch *Fish & Chips* servieren, ist die große,

mit Palmen bestandene Meerespromenade an der Nordseite der *Badia de Portmany* ein zentraler Treffpunkt für Einheimische und Besucher. Bei einem Glas *Vino tinto* sitzt man hier zusammen, plaudert und beobachtet das Geschehen.

Etwas zurückversetzt findet man am Passeig Marítim noch einige ältere Herrenhäuser wie etwa in einem malerischen Garten die **Villa Mercedes** (heute ein Restaurant, s. u.). Es ist eines der wenigen Gebäude, dessen Mauern noch mit den für die Zeit um 1900 so typischen blau-weißen *Fliesen* geschmückt sind. Am östlichen Ende des Passeig de ses Fonts fällt mitten im Kreisverkehr eine moderne *Skulptur* ins Auge: Das von dem uruguayischen Künstler Julio Bauzá aus Sant Rafel entworfene **Ei des Kolumbus**, das zur 500-Jahr-Feier der Entdeckung Amerikas 1992 aufgestellt wurde, war eine Idee der Stadtoberen zur Verschönerung von Sant Antoni. Das mehrere Meter hohe Monument aus Beton weist in der Mitte ein Loch auf, in dem ein Modell der ›Santa María‹ steht, jenes Schiffes, mit dem Kolumbus ausfuhr, um einen Seeweg nach Indien zu entdecken. Am Passeig de ses Fonts befindet sich auch das Fremdenverkehrsamt OIT [s. u.], in dem man sich mit Informationsmaterial zur Region versorgen kann.

Einen Besuch wert ist die Kirche **Sant Antoni Abat**. Sie steht drei Querstraßen weiter nördlich an der Ecke Calle Antoni

Riquer und Carrer Sant Vicent. Mit seinen dicken Mauern und den kleinen Fenstern präsentiert sich das dem heiligen Antonius, Schutzpatron des Ortes, geweihte Bauwerk äußerst wehrhaft. Tatsächlich war dieses Gotteshaus in vergangenen Zeiten nicht nur gesellschaftlicher Mittelpunkt von Sant Antoni, sondern es bot der Bevölkerung auch Schutz bei Piratenangriffen. Bereits im Jahre 1305 war an dieser Stelle auf Veranlassung des Erzbischofs von Tarragona eine Wehrkapelle entstanden. Das heutige Gebäude mit seinem schönen, palmen- und blumengeschmückten Vorhof stammt vermutlich aus der zweiten Hälfte des 17. Jh. Aus kirchengeschichtlichen Archiven ist bekannt, dass der Chor sowie das Hauptportal zwischen 1674 und 1700 errichtet worden waren.

Von der Kirche aus ist es nur ein Katzensprung zu einer kleinen, westlich zwischen *Carrer del Progrés* und *Carrer de B. Vicent Ramón* gelegenen Fußgängerzone. Dort reihen sich Bar an Bar und Lokal an Lokal, von denen die meisten Fastfood im Angebot haben. Doch findet man dort auch mit etwas Glück ein Restaurant wie das *Rebost de Can Prats* [s. u.], das an die kulinarische Tradition der Insel anknüpft und Leckerbissen wie *Guisat de Peix* (Fischsuppe) und Paella auf der Speisekarte führt.

Ein Fest für die Sinne ist der Markt **Es Mercat Clot Marès** nördlich der Kirche, an der Carrer del Progrés, der ›Straße des Fortschritts‹, mit seinem großen Obst-

In Sant Antoni de Portmany präsentiert sich die hübsche Villa Mercedes im Lichterglanz

und Gemüseangebot. In den Sommermonaten warten mehrere Sorten Tomaten und Zwiebeln, Fenchel, Auberginen und Zucchini auf Käufer, es duftet verlockend nach Thymian und Basilikum. Orangen und Zitronen gibt es das ganze Jahr über, ebenso eingelegte Zwiebeln und wohlschmeckende getrocknete Tomaten. Die modernen Hallen schützen Verkäufer, Kunden und Ware vor allzu großer Sonneneinstrahlung, ein Grund mehr, weshalb die Bevölkerung hier gern einkauft. Selbstversorger unter den Urlaubern können auf dem Markt günstig

Rot sticht Weiß – das Auto stiehlt hier dem ›Ei des Kolumbus‹ von Julio Bauzá die Schau

Gemüse und Käse erstehen und anschließend in einer der Bars einen Café con Leche und Churros genießen, das beliebte Spritzgebäck aus Kartoffelteig.

Zwischen der Carrer Sant Vicent, unmittelbar an der Westseite der Kirche, und der fünf Querstraßen weiter gelegenen Carrer de la Mar, tobt das Nachtleben. Hauptsächlich junge Briten machen hier, im so genannten Westend, bei dröhnenden Musikrhythmen die Nacht zum Tag. Erst bei Sonnenaufgang kehren sie erschöpft in ihre Unterkünfte zurück. Wer den Weg nicht mehr schafft, bleibt am Strand oder auf einer Parkbank liegen. Andere beginnen den jungen Tag mit einem Katerfrühstück, ordern schwarzen Kaffee und Cola. Entsprechend den Freizeitgewohnheiten der Gäste füllen sich die Strände erst am späten Vormittag.

Tagsüber vergnügt man sich an den **Stränden**, die in der Hochsaison allesamt recht voll und laut sind. Zu den beliebtesten gehört die in der nördlichen Badia de Portmany unmittelbar beim Hafen gelegene **Platja Arenal**, nur wenige Gehminuten von der Altstadt entfernt. Ruhigere Bademöglichkeiten findet man nördlich der Ferienstadt, so in der Sand- und Felsenbucht **Caló des Moro**, die auch gute Möglichkeiten zum Windsurfen bietet. Von Pinienhügeln gerahmt ist die herrliche kleine **Cala Salada** noch weiter nördlich. Hierher kommen meist Spanier und Residenten mit offenen Geländewagen. Sandstrand- und Wasserqualität gelten als ausgezeichnet, auch Taucher und Schnorchler kommen hier auf ihre Kosten. Wermutstropfen sind allerdings der recht schmale Sandstrand und die gelegentlich stärkere Brandung.

Von Sant Antoni aus verkehren regelmäßig Boote und Busse zu den weiter entfernt liegenden Stränden **Cala Comte** und **Cala Corral** im Südwesten sowie zur **Cala Tarida**, wo gute Sportmöglichkeiten – Wasserski, Tauchschule, Tretbootverleih – für junge Leute ebenso wie für Familien die Attraktion sind. Zudem hat man von Sant Antoni aus die Möglichkeit, einen Ausflug nach *Formentera* zu unternehmen. Während der Saison verkehren täglich Boote zwischen den beiden Inseln.

Einen hervorragenden Ruf unter Seglern genießt die **Marina** in der Bucht von Portmany, die über rund 900 Liegeplätze

Romantisch – wenn vor der Cala Comte die rote Sonne im Meer versinkt

Sport – vor allem Wassersport – spielt an der Bucht von Sant Antoni eine große Rolle. Viele Hotels kommen den Wünschen ihrer Gäste entgegen und bieten ihnen ein vielfältiges, zum Teil kostenloses Angebot. Das am südlichen Ende der Bucht am Strand Es Puet gelegene Mittelklassehotel Osiris [s.u.] z.B. verfügt über einen Tennisplatz und einen Volleyball-Sandplatz. Am Strand kann man Wassersportgeräte mieten, darunter einfache Segelboote und Windsurfbretter. Für die Kinder stehen Tretboote zur Verfügung, den Erwachsenen wird u.a. Parasailing geboten. Fähren bringen Sportler zu weiteren Buchten, etwa in die Cala Bassa [Nr. 44], wo sie das dortige Angebot nutzen können. Eine breite Palette an Wassersport bietet auch der Club Naútico [s.u.] an der Promenade von Sant Antoni.

Neben öffentlichen Bussen, die die gesamte Bucht umrunden, bietet sich für Ausflüge das Fahrrad an. Wenn man im Hotel keines leihen kann, findet man zahlreiche Vermieter in der Stadt.

Ausflüge

2 km nördlich von Sant Antoni, an der Straße nach Can Germà, liegt die **Cova Santa Agnès** (Ctra. Cas Ramons, Mo–Fr 9–12 Uhr), die mit dem Auto oder sogar zu Fuß gut zu erreichen ist. Die unterirdische Kapelle ist der heiligen Ines (katal. Agnès) geweiht und eine natürliche Höhle. Hier versammelten sich zwischen dem 5. und 9. Jh. die ersten, noch von Verfolgung bedrohten Christen zum Gottesdienst. Nach der Fertigstellung der Kirche von Sant Antoni wurde die Kapelle kaum mehr genutzt. Erst Anfang des 20. Jh. wurde die in Vergessenheit geratene und mittlerweile dem Verfall preisgegebene Höhlenkapelle wieder entdeckt und restauriert. Dabei kamen Fundstücke aus der punischen und römischen Vergangenheit der Insel zutage. Sie belegen, dass bereits vor mehr als zwei Jahrtausenden Menschen diese Höhle aufgesucht haben.

Auf dem Rückweg von der Cova Santa Agnès nach Sant Antoni lohnt ein Besuch des **Sa Capella** [s.u.]. Das im späten 16. Jh. ursprünglich als Kapelle konzipierte Gebäude wurde nicht fertiggestellt und drohte zu zerfallen, bis ein Anwohner Gefallen an ihm fand und darin ein Restaurant eröffnete. Nun verwöhnt Chef-

verfügt, die allerdings nur den Mitgliedern vorbehalten sind.

Ein schöner Abstecher führt in das **Aquarium Cap Blanc** (Crta. Cala Gració, Tel. 971 34 22 06, www.aquariumcapblanc. com, im Sommer tgl. 10–21 Uhr), eine natürliche Grotte, die mit dem Meer verbunden ist. Man erreicht sie entweder mit dem Bus (Linie 1, Haltestelle Hotel Tanit) oder nach einem angenehmen Spaziergang vom nördlichen Stadtrand aus in etwa 20 Minuten entlang der Steilküste, die in diesem Abschnitt von zahlreichen Cafés und Restaurants gesäumt wird. Früher diente die Wassergrotte den Fischern als ›Kühlschrank‹ vor allem für die gefangenen Langusten und hieß aus diesem Grund *Cova de ses Llangostes*. Heute tummeln sich im Wasser zahlreiche Fische und Seesterne, die in den Gewässern rund um die Inseln leben. Lichteffekte und Musik geben der Höhle ein besonderes Flair.

Auf dem Rückweg sollte man beim Aussichtspunkt **Cap Negret** eine Pause einlegen und den herrlichen Panoramablick auf die der Bucht vorgelagerte Illa sa Conillera genießen.

koch Agustín seine Gäste mit gepflegter einheimischer Küche. Über Holzkohle werden frisch gefangener Fisch und Meeresfrüchte gegrillt, die üppigen Salate täglich neu dem saisonalen Angebot entsprechend zusammengestellt. Auch auf einen Drink ist man hier jederzeit herzlich willkommen.

Praktische Hinweise

Information

Oficina d'Informació i Turisme (OIT), Passeig de ses Fonts, Sant Antoni de Portmany, Tel. 971 34 33 63, www.santantoni.net

Taxi

Taxistand am Passeig de ses Fonts

Wassersport

Club Naútico, Avda. Santa Eularia, Sant Antoni de Portmany, Tel. 971 31 33 63, www.clubnauticoibiza.com. Angeboten werden Wasserski, Tauchen, Windsurfing, Schnorcheln, Jetski und Segeln.

Märkte

Es Mercat Clot Marès, Carrer del Progrés, Sant Antoni de Portmany. Täglich bestücken die Marktfrauen in aller Frühe die Stände mit köstlichsten mediterranen Erzeugnissen.

Nachtleben

Edén, Salvador Esprin, Sant Antoni de Portmany, Tel. 971 34 02 12, www.eden ibiza.com. Lange Schlangen zeugen von der großen Beliebtheit dieser mit tropischen Pflanzen ausgestatteten Diskothek, ob School Disco, Garlands oder sonstige Themenabende. Es gibt zwei Tanzflächen und zahlreiche Bars.

Es Paradis, Salvador Esprin 2, Sant Antoni de Portmany, Tel. 971 34 66 00, www.esparadis.com. Bereits seit über 35 Jahren ein Renner unter Ibizas Diskotheken, leicht erkennbar am Glaspyramidendach. Stilvolles Interieur mit vielen Pflanzen, Säulen und Pavillons.

Hotels

*****Ibiza Rocks House**, Camí de Sa Vorera, Sant Antoni de Portmany, Tel. 971 34 22 22, www.ibizarocks.com/house/bars-restaurants. Die Stones, Freddie Mercury oder Elton John: Sie alle waren schon einmal in diesem Hotel zu Gast. Die Kultherberge der 1960er-Jahre ist ein ungewöhnliches Boutiquehotel mit unorthodoxem Design und üppiger Vegetation. Im **Room 39 Restaurant**, dem angeschlossenen Restaurant, ist der Service jung, locker und nett.

****Osiris**, Platja Es Puet, Badia de Sant Antoni, Tel. 971 34 09 16, www.hotelosiris.com. Familienhotel zwischen Pinien und Palmen im Süden der Bucht. Zum Strand sind es nur 50 m, doch kreuzt eine Straße. Zimmer mit Ventilator und Balkon. Tennisanlage, Pool, Kinderspielplatz.

Nachts strömt das Publikum in die Bars und Diskotheken von Sant Antoni de Portmany

Träumen über dem Meer: die Day-Lounge-Betten im Eco-Resort Es Ram

Naturnaher Luxus: So schläft man heute

Die Zeit der Bettenburgen ist vorbei. Auf den Balearen florieren naturnahe Hotels, die jeglichen Komfort bieten. Orte wie das **Eco-Resort Es Ram** auf Formentera, das italienisches Gefühl für Design mit absoluter Naturnähe verbindet (www.esramresort.com). Vollkommen abgeschieden vom Rest der Insel sind hier kleine Ferienhäuser verstreut zwischen Pinien. Highlight sind die einsam über dem Meer stehenden Day-Lounge-Betten – der perfekte Ort, um mit einem Buch in der Hand und dem Wellenrauschen im Hintergrund den Tag zu verbringen.

Eine Oase der Ruhe ist auch das **Can Martí**, dessen vier Ferienwohnungen in einem 400 Jahre alten Bauernhof untergebracht sind, der nach ökologischen Gesichtspunkten restauriert wurde (www.canmarti.com). Wer den Tag hier verbringt, kann im ersten biologischen Schwimmbad der Balearen baden, den Gemüsegarten und die Esel besuchen oder im Hammam entspannen. Wer anschließend eine Tour über die Insel plant: Fahrräder gibt es kostenfrei.

Eingebettet in einen Orangenhain und exotische Gartenanlagen liegt das szenige Landhotel **Atzaró** (www.atzaro. com). Seine offene Music Art Lounge und das gut besuchte Gourmet-Restaurant bringen eine Menge Leben in die luxuriöse Anlage.

Und wer vom Krähen des Hahns begrüßt werden will, ist im **Es Cucons** genau richtig (www.escucons.com): In dem liebevoll geführten Landhotel kommt ein Gefühl von Ferienhof auf dem Bauernhof auf. Die Stimmung ist wohl abgestimmt, die Hotelleitung versteht das Spiel von Luxus und Lässigkeit: mitsamt dem Naturstein-Spa, dem vorzüglichen Restaurant und den 15 verspielt dekorierten Zimmern ist der Ort ein kleines Paradies.

Aus einem 400 Jahre alten Bauernhof wurde ein Idyll mit Öko-Flair: Can Martí

Ses Pitreras, Avda. Valladolid 1, Sant Agusti, Tel. 971 34 50 00, www.sespitreras. com. Schön und modern gestyltes luxuriöse Haus mit sieben Gästezimmern nicht weit von Sant Antoni mit Gourmet-Restaurant, Bar, Pool und Solarium.

Camping

San Antonio, Avda. de Portmany, Sant Antoni, Tel. 666 69 46 94, www.camping-santantonio.com. Zeltplatz mit einfacher Ausstattung. Je nach Belegung kann es hier auch nachts laut werden.

Restaurants

Koppas, Passeig de ses Fonts/Calle Santa Inés, Sant Antoni, Tel. 971 34 62 23. Restaurant mit Freisitz auf dem Platz gegenüber dem Hafen. Neben günstigen Fastfood-Standards wie Hamburger und

Café del Mar – der Sound der Sonne

Ibiza hat **José Padilla** viel zu verdanken. Der wohl berühmteste DJ der Insel kam in den frühen 90ern auf die Idee, seine Musik punktgenau auf die Abenddämmerung und den Sonnenuntergang abzumischen. Damit war er geboren, der balearentypische Klang von Chillout und Lounge-Musik. Keimzelle des Ibiza-Sounds ist das **Café del Mar** in Sant Antoni. Seit 1991 brandet hier Abend Abend für Applaus auf, wenn der rote Feuerball im Meer versinkt. Diesen Moment, der zum Sinnbild für ein Lebensgefühl wurde, erlebt man heutzutage meist mit Scharen anderer Menschen. Und erfreulicherweise abgewandt von den Apartmenthochhäusern: An kaum einem anderen Ort lassen sich die katastrophalen Folgen des touristischen Baubooms auf Ibiza so gut besichtigen wie hier. Dem Kult um Padillas Musik hat die eigentlich unwirtliche Location nie einen Abbruch getan: 1994 erschien die erste CD des Café del Mar, 17 weitere Compilations folgten bis jetzt. Und José Padilla? Der arbeitet schon seit 1999 nicht mehr im Café del Mar. Derzeit trifft man ihn am ehesten auf Facebook – und manchmal auch noch zu einzelnen Gigs auf der Insel.

Treffpunkt zum Sundowner: Das Publikum im Café del Mar wartet jeden Abend darauf, dass die Sonne glutrot im Meer versinkt

texmex.com. Zu den mexikanischen Spezialitäten gehören Ceviche, eine Vorspeise aus roh mariniertem Fisch, und Enchiladas, frittierte Maismehlfladen mit Huhn und Gemüse gefüllt. Als Aperitiv sollte man sich eine Margarita – geeister Limonensaft mit einem Schuss Tequila und Orangenlikör – gönnen.

Villa Mercedes, Passeig de la Mar, Sant Antoni, Tel. 971 34 85 43, www.villamerce desibiza.com. Café, Restaurant und Lounge Bar mit Tanzfläche und DJ in einem stilvollen alten Gebäude an der Promenade.

Bars

Café del Mar, Carrer Lepanto 4, Sant Antoni, Tel. 971 34 25 16. Kein wirklicher Club, aber eine der Keimzellen des Ibiza-Sounds, den man als ›Cafe del Mar Compilation‹ in jedem CD-Laden der Welt bekommt. Bereits morgens geöffnet, doch besonders zum Sonnenuntergang.

Café Mambo, Vara de Rey 38, Sant Antoni, Tel. 971 34 66 38, www.cafe mamboibiza.com. Ebenfalls Treffpunkt zur blauen Stunde und vor dem Diskothekenbummel.

Würstchen sind Salate, Fischgerichte und – während der Saison – frische Muscheln im kulinarischen Angebot.

Rebost de Can Prats, Carrer Cervantes 4, Sant Antoni, Tel. 971 34 62 52, www.esre bostdecanprats.com. Empfehlenswert für Liebhaber deftiger ibizenkischer Küche. Die Fischgerichte schmecken hier besonders gut, köstlich ist auch das in Rotwein geschmorte Kaninchen.

Rias Baixas, Cervantes 14–16, Sant Antoni, Tel. 971 34 04 80. Empfehlenswertes Lokal, in dem galizisch gekocht wird. Ausgezeichnete Fischgerichte und Meeresfrüchte.

Rita's Cantina, Passeig Marítim 9, Sant Antoni, Tel. 971 34 33 87. Frühstückstreff (ab 8 Uhr) und Infobörse für junge Leute.

Sa Capella, Ctra. a Santa Agnès, km 1 (nördlich), Sant Antoni, Tel. 971 34 00 57. In einem malerischen Natursteingewölbe speist man rustikale Fisch- und Lammeintöpfe und trinkt Weiß- und Rotweine vom Fass. Nicht gerade billig, aber unbedingt empfehlenswert (20–24 Uhr). Reservierung wird empfohlen.

Tijuana, Carrer Ramón y Cajal 23, Sant Antoni, Tel. 971 34 24 73, www.tijuana

Bitte zu Tisch – im Sa Capella werden vorzügliche Fisch- und Lammgerichte serviert

43 Es Port d'es Torrent

Einer der trubeligen Strände Ibizas.

Für Urlauber, denen nichts über eine vielfältige touristische Infrastruktur geht, ist in Es Port d'es Torrent einige Kilometer südwestlich von Sant Antoni bestens gesorgt. Der eigentlich herrliche Sandstrand ist aber meist wenig gepflegt und wird gesäumt von äußerst schlicht gestalteten Hotelhochhäusern.

Desungeachtet herrscht hier in der Hauptsaison viel Betrieb und am Abend, nach ausgiebigem Sonnenbad, bevölkern die Urlauber zuhauf die zahlreichen Restaurants und Bars. Am nächsten Morgen füllt sich dann der Strand eher spät – zum Sonnenaufgang schaffen es nur die Wenigsten.

ℹ **Praktische Hinweise**

Restaurant

Can Pujol, Es Port d'es Torrent, Tel. 971 34 14 07, www.restaurantecan pujolibiza.com. Auf der schicken Restaurantterrasse am Meer werden internationale Speisen, vor allem aber schmackhafte Paella und Fischgerichte serviert.

Die Cala Bassa zählt zu den beliebtesten und meistbesuchten Stränden im Westen Ibizas

44 Cala Bassa und Cala Comte

Sandstrand, glasklares Wasser und seltene Meeresvögel.

Ein kontrastreicher Spaziergang führt von Es Port d'es Torrent entlang der Küste zur 2 km westlich gelegenen **Cala Bassa**: Während man einerseits auf Sant Antoni mit seinen Hochhaushotels blickt, gewinnt man andererseits Einblicke ins bäuerlich geprägte Ibiza.

Cala Bassa gehört zu den beliebtesten und bekanntesten Zielen der Insel. Die 200 m lange Bucht mit feinem hellem Sand wird von bewaldeten Felsen gerahmt, bis nahe ans Ufer stehen Pinien. Während der Sommermonate ist es hier oft überfüllt, reihen sich Liegestühle und Luftmatratzen dicht an dicht. Wie Sant Antoni [Nr. 42] wird die Bucht bevorzugt von britischen Jugendlichen frequentiert. Andererseits wissen auch Familien mit Kindern das flache Wasser zu schätzen. Etwas zurückversetzt und erhöht liegen die Restaurants, direkt am Strand findet man jede Menge Wassersportanbieter. Die Ostseite der weiten Bucht wird durch einen flachen, kaum aus dem Wasser ragenden Felsrücken begrenzt, den man aber nicht erklimmen sollte, weil er scharfe Kanten hat.

An der der landschaftlich so reizvollen Cala Comte kann man nicht nur sonnenbaden …

Bootsbesitzer bieten Ausflüge zur **Illa sa Conillera** (Isla Conejera, ›Kanincheninsel‹) an, einer in Privatbesitz befindlichen kleinen Insel vor der Bucht von Sant Antoni. Auch für Segler ist das Eiland ein beliebtes Ziel. Sie werfen Anker in der großen Bucht an der Ostseite und unternehmen einen Spaziergang zum Leuchtturm an der Nordspitze der Insel. Ansonsten vertreibt man sich den Tag mit sonnenbaden oder schwimmen und schnorcheln im glasklaren Wasser. Den romantischen Abschluss bildet ein Picknick auf dem Eiland: An keiner anderen Stelle der Badia de Sant Antoni kann man einen schöneren Sonnenuntergang erleben.

Von der Cala Bassa aus wandert man ca. 1 km quer über die Landspitze *Punta de sa Torre* zur Cala Comte. Unterwegs zweigt rechts ein schmaler Pfad zum Verteidigungsturm **Torre d'en Rovira** aus dem 16. Jh. ab. Näherten sich auf dem Meer Piraten, so wurden Rauchsignale gegeben oder des Nachts Feuer entfacht, um die Bevölkerung zu warnen. Die Menschen flüchteten dann vor allem in die Wehrkirchen, die eigens zu diesem Zweck gut befestigt waren.

Das noch unbebaute und naturbelassene Terrain um die **Cala Comte** mit ihren Dünen und Pinienwäldern wurde vom Inselrat als ›Naturgebiet besonderen Interesses‹ ausgewiesen. Vor der Küste erblickt man einige unbewohnte Felsen-

eilande, auf denen besonders seltene Seevögel, Sturmschwalben, Fischadler, Silbermöwen oder Sturmtaucher, brüten. Diese kleinen Inseln dürfen nicht betreten werden, um das empfindliche ökologische Gleichgewicht nicht zu stören. Besonders stimmungsvoll sind in diesem geschützten Gebiet die farbenfrohen Sonnenuntergänge.

ℹ️ Praktische Hinweise

Camping

Cala Bassa, Ctra. de Sant Antoni a Cala Bassa, Tel. 971 34 45 99, www.campingcala bassa.com. Die Anlage ist nur 250 m vom Strand entfernt. Schattige Plätze der Kategorie II unter Nadelbäumen. Restaurant und Duschen sind vorhanden. Es können auch Wohnwagen gemietet werden.

45 Cova des Ses Fontanelles

Prähistorische Höhlenmalereien in wildromantischer Felsenkulisse.

Es ist ein netter Tagesausflug, aber ein wenig kompliziert ist die Anfahrt von Sant Antoi zur Cova de Ses Fontanelles (›Grotte der Quellen‹) schon. Auf der Straße zwischen Sant Antoni und Cala Salada findet man sich noch gut zurecht, doch

Rotbraun und Grün sind die dominierenden Farben der Region bei Santa Agnès de Corona

nach etwa 3 km zweigt rechts ein Schotterweg ab. Ihm folgt man weitere 2,5 km auf einer steilen Piste durch einen Pinienwald, vorbei an zwei alten Fincas, dann parkt man auf dem *Cap Nonó* vor einer mehr als 100 m fast senkrecht ins Meer stürzenden Felswand. Anschließend klettern man noch zehn Minuten auf einem Pfad mit unregelmäßigen Stufen durch einen Nadelwald hinunter zur Cova de Ses Fontanelles, die sich im steilen Gelände 30 m über dem Meer am Fuß einer Felswand befindet.

Die Höhle am Südhang des Nonó ist nur etwa 7 m² groß. In der Umgebung entspringen mehrere Quellen, daher auch der Name Fontanelles. Ihr Zweitname *Cova Des Vi* bezieht sich darauf, dass hiesige Bauern die kühle Höhle früher auch als Weinkeller nutzten.

Im Jahr 1917 entdeckte der französische Archäologe und Priester Henri Breuil an den Wänden und der Decke der Cova de Ses Fontanelles schwarz eingefärbte **Felsritzungen**. Schätzungen zufolge entstanden sie in der Bronzezeit. Zwar sind die Linien heute ziemlich verblasst, doch können interessierte Besucher durch das Gitter am Höhleneingang noch vage Umrisse von Segelschiffen und Handabdrücke erkennen. Noch sind sich die Wissenschaftler nicht einig, ob die Ritzungen aus der Bronzezeit vor rund 3000 Jahren oder erst aus der punischen Epoche stammen. Vielleicht geben weitere Forschungsarbeiten Aufschluss darüber.

Die Aussicht von der Höhle bzw. von der Treppe unterhalb ist fantastisch. An den Berghängen erblickt man alte, zerfallene Naturterrassen und unten brandet das Meer an die Felsen. Ganz Sportliche können über grobe Steinstufen zum Wasser hinuntersteigen und dort in der Bucht ein erfrischendes Bad nehmen.

Abwechslung vom Strand- oder Partyleben bringt ein Ausflug nach Santa Agnès de Corona

46 Santa Agnès de Corona (Santa Inés)

Kleines, vom Tourismus noch wenig berührtes Dorf inmitten einer zauberhaften Landschaft.

Auf dem Weg von Sant Antoni zum 10 km nordöstlich gelegenen Santa Agnès de Corona passiert man das Naturschutzgebiet *El Amunts Sud*, eine liebliche Region mit Lavendelhainen, wilden Orchideen und mächtigen Steineichen. Im Frühjahr, wenn leuchtend roter Mohn und gelber Bockshornklee blühen, sind die durch Steinmäuerchen unterteilten Felder, auf denen vor allem Zitronen-, Orangen- und Mandelbäume stehen, ein einziges duftendes Farbenmeer.

Während der **Mandelblüte** im Januar und Februar ist das kleine, bisher von Urlaubern noch wenig besuchte Dörfchen ein beliebtes Ausflugsziel der Ibizenker, die sich am Anblick der über und über mit weißen und rosafarbenen Blüten bedeckten Bäume erfreuen. Anfang Juni, wenn es zunehmend heißer und trockener wird, entfaltet die karge Macchia Mediterranea, Rosmarin, Thymian und Zistrose, ihr würziges Aroma. Erst mit den winterlichen Regenfällen im November wird die Landschaft schließlich wieder fruchtbarer und grüner.

Santa Agnès de Corona besteht nur aus wenigen Straßen und Häusern, einer Bar und einer kleinen **Kirche**, die zu Beginn des 19. Jh. errichtet wurde. Die Dorfbevölkerung verehrt hier die Statue der ›Rosenkranzmadonna‹ aus der Mitte des 19. Jh. Die nahezu fensterlosen weißen Wände sind typisch für die ibizenkischen Wehrkirchen.

Besucher und Dorfbewohner treffen sich in der Bar *Can Cosmi* [s.u.], von deren Terrasse man einen schönen Blick auf den Kirchplatz und das weite Tal hat. Am besten macht man es wie die Einheimischen und bestellt ein Glas *Vino tinto*. Dazu schmecken die *Bocadillos*, frisches Brot, belegt mit luftgetrocknetem Schinken, einfach wunderbar.

Ausflüge

Ein interessanter Ausflug führt zu den **Torretes D'en Ll**uc. Dazu fährt man mit dem Auto von Santa Agnès ca. 1,5 km in nordöstlicher Richtung und biegt dann links nach Norden Richtung Cala d'en Sardina ab. Nach weiteren 1,5 km erreicht man einen Parkplatz und geht, den Hinweisschildern folgend, von dort aus 500 m in Richtung Punta ses Torretes. Am Beginn dieser schmalen Halbinsel, 285 m über dem Meeresspiegel gelegen, stößt man auf die Reste einer Befestigungsanlage mit einem fantastischen Panora-

Can Pujolet bei Santa Agnès de Corona ist eines der beliebten Agrotourismusziele auf Ibiza

mablick auf die Bucht von Sardina. Die archäologische Stätte besteht aus den restaurierten (ca. 1 m hohen) Sockelresten zweier Türme. Sie waren durch eine 50 m lange Kalkstein-Mörtel-Mauer von fast 2 m Stärke miteinander verbunden. Ein Turm stand an der Westseite an den Klippen, der zweite 50 m weiter östlich, die Mauer setzte sich bis zur östlichen Klippe fort, sodass die Landenge vollständig abgesperrt war. Datierung und Funktion konnten bisher nicht geklärt werden. Der Ausflug zur antiken Wehranlage lässt sich auch als zwei- bis dreistündige Wanderung bewerkstelligen.

Eine Schotterstraße führt von Santa Agnès zur Westküste, vorbei am 230 m hohen Sa Penya Esverada, und erreicht nach 2 km die Landspitze *Cap Negret* (nicht zu verwechseln mit dem gleichnamigen Cap Negret bei Sant Antoni). Vom Parkplatz aus läuft man etwa 1 km südlich am Klippenrand von **Punta Roja** entlang. Spektakulär ist hier die Aussicht über das blaue Meer und die Steilküste sowie die umliegenden Felshügel mit ihren Kiefernhainen. Die Naturkulisse liegt daher meist in völliger Einsamkeit.

Hotel

***Can Pujolet**, Ctra. a Sant Mateu, Santa Agnès, Tel. 9 71 80 51 70, www.canpujolet.com. Agroturismus der besonderen Art auf Ibiza: schönes Interieur und moderner Komfort bestimmen den Charakter dieser 100 Jahre alten Finca inmitten einer malerischen Landschaft. Gäste wohnen in zehn gemütliche und komfortabel eingerichteten Doppelzimmern.

Restaurant

Can Cosmi, Plaça d'Esglèsia, Santa Agnès, Tel. 971 80 50 20. Bar-Restaurant mit Terrasse nahe der Kirche. Serviert werden Imbisse und ibizenkische Gerichte.

47 Sant Mateu d'Aubarca (San Mateo)

Idyllisches Dorf, dessen Umgebung zu Wanderungen einlädt.

Ein Besuch in Santa Agnès lässt sich gut mit einem Ausflug nach Sant Mateu d'Aubarca verbinden. Die Straße 8041 schlängelt sich 5 km in östlicher Richtung durch eine liebliche mediterrane Landschaft, bewaldete Hügel und Weingärten in das kleine Dorf, in dem das Leben noch immer dem gleichen Rhythmus folgt wie vor vielen Jahrzehnten. Da der Tourismus hier noch nicht Fuß gefasst hat, lebt die Bevölkerung nach wie vor von der Landwirtschaft, zum Großteil vom Weinbau. Auf einer Anhöhe thront trutzig die **Wehrkirche** (1795). Der ummauerte und überdachte Vorhof mit den drei Rundbogenportalen wurde 1885 hinzugefügt.

In der Umgebung von Sant Mateu lassen sich reizvolle Wanderungen unternehmen. Beispielsweise zur **Cala s'Aubarca**, die sich 4 km nördlich des Dorfes in weitem Rund in die Küste einfügt. Nur wenigen Menschen begegnet man auf dem Weg vorbei an terrassierten Feldern und durch Talmulden, in denen Weizen, Wein, Oliven-, Feigen- und Mandelbäume gedeihen. Gelegentlich passiert man eine einsame Finca, umrankt von alten Reben und blühender Bougainvillea. Wem die Wanderung zu anstrengend sein sollte, kann etwa 3 km mit dem Auto zurücklegen und dann das letzte Stück zur Steilküste laufen. Zwischen den Felsen schimmert das Wasser der Bucht verführerisch glasklar, ein herrlicher Platz zum Träumen und Picknicken. Von hier aus sind es noch 1,5 km bis hinunter zum Meer, einem felsigen Badeparadies, wie es kaum schöner vorstellbar ist. Klettert man am Fuß des Steilufers entlang, so findet man noch weitere einsame Stände, vor denen höchstens ein paar Segelboote im Wasser schaukeln. Das ist Ibiza von seiner schönsten Seite.

Um Sant Mateu d'Aubarca wächst der wilde, lila blühende Thymian besonders üppig

Praktische Hinweise

Einkaufen

Bodega Sa Cova. 2 km nordwestlich von Sant Mateu, Tel. 971 18 70 46, www.sacovaibiza.com. Das Familienweingut produziert eine kleine Auswahl ehrlicher Weine (20 000 Flaschen jährlich). Bei einer Weinprobe (8 Euro) lässt sich das Ergebnis testen – serviert werden drei Weine mit Brot und Käse. Die Rot- und Weißweine sind schöne Souvenirs.

Hotel

***Can Cires**, nahe der Kirche, Tel. 971 80 55 51, www.cancires.com. Auf der traumhaften Terrasse servieren Victoria und Francis eine frische Küche aus regionalen Zutaten. Wochentags gibt es ein empfehlenswertes Mittagsmenü.

Ibizas weiße kubische Bauformen begeisterten schon Walter Gropius und Le Corbusier

Formentera – Badeparadies mit ursprünglichem Charme

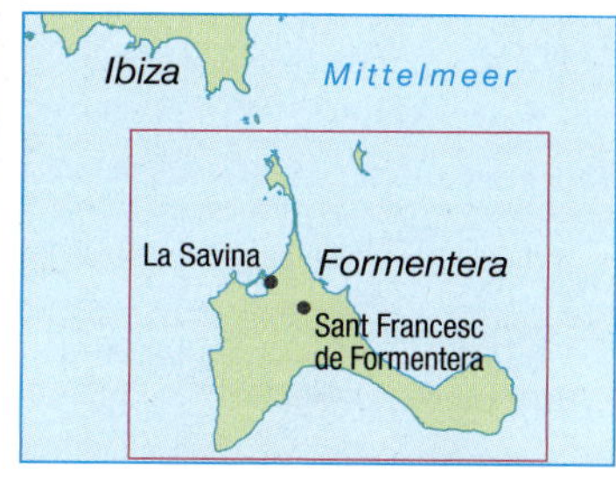

Formentera ist die kleinste der Baleareninseln. Statt Edelbars und großer Diskotheken gibt es hier glasklares Wasser, wie man es sonst nur in der Karibik findet, **Bilderbuchstrände** und bisweilen noch die Einsamkeit, die vor bald vier Jahrzehnten ›Blumenkinder‹ und Künstler in Scharen anzog. Fans dieser Insel mögen schon mal darüber diskutieren, welche Strände die besten sind, mögen Vergleiche anstellen zwischen ihren Favoriten **Platja de Ses Illetes** oder **Platja de Llevant** an der Nordküste und **Es Pujols** oder **Es Caló** im Osten. Im Grunde genommen aber sind sich alle einig: Auf Formentera ist es überall schön, und ein überschaubares *Ferienparadies* ist es allemal. Vom Cap de Barbària im Süden bis zum Leuchtturm auf der Hochebene von La Mola sind es nur 26 km, selbst mit dem Fahrrad ist die Insel in drei Stunden der Länge nach durchquert. Zwar hat sich inzwischen auch auf Formentera der Fremdenverkehr etabliert, doch ist der große Touristenansturm bisher ausgeblieben. Denn die Insel besitzt keinen Flughafen und die Anreise erfolgt nach wie vor per Schiff von Eivissa aus.

Hauptort ist das beschauliche **Sant Francesc**, Touristenzentrum ist das lebhafte, vor allem bei deutschen Urlaubern beliebte **Es Pujols**, eine Feriensiedlung mit zahlreichen Hotels, Restaurants und Bars. Die meisten anderen Ortschaften wie z.B. Sant Ferran und El Pilar sind nach wie vor bäuerlich geprägt. Dabei kann sich das kleine Sant Ferran einer Insellegende rühmen: der berühmten *Fonda da Pepe*, jener Kneipe, die Formentera-Besucher in den 1960er-Jahren zu ihrem Lieblingstreff erkoren haben. Niedrige Steinmauern prägen die karge Landschaft, auf den Feldern wachsen Feigen- und Olivenbäume. Die fast immer in Strandnähe stehenden Hotels sind zumeist der felsigen Umgebung angepasst und haben selten mehr als zwei Stockwerke.

So verführerisch das glitzernde Wasser und die Traumstrände auch sind, mindestens einmal sollte man sich davon trennen und die Vergangenheit des bereits in vorgeschichtlicher Zeit bewohnten Formentera erkunden. Ältestes Zeugnis ist das 3800 Jahre alte Megalithgrab von **Ca Na Costa**. An die römische Epoche erinnern die Ruinen des Poblado **Romano** bei Es Caló. Auch der Name Formentera ist römischen Ursprungs, er leitet sich ab von der lateinischen Bezeichnung *Frumentarium*. Aus der einstigen ›Getreidekammer‹ des Römischen Reiches ist inzwischen eine Urlaubsoase im Mittelmeer geworden.

48 Es Pujols

Touristischer Mittelpunkt der Insel.

In einer kleinen Bucht im Zentrum der Nordküste liegt Es Pujols, eine in den 60er-Jahren des 20. Jh. auf dem Reißbrett

Wo beim Far de Barbària die Straße endet, öffnet sich eine weite Aussicht

entstandene Siedlung, in der muntere Betriebsamkeit herrscht. Neben Souvenirläden, Fischrestaurants und Cafés findet man hier einen bayerischen Biergarten, in dem etwa Eisbein mit Sauerkraut serviert wird, und eine Altbierkneipe. Umgangssprache ist vielerorts Deutsch. Die Straßen sind gesäumt von Bars, Supermärkten, Fahrradverleihfirmen und Geschäften, die Badeutensilien verkau-

Ganze 3800 Jahre ist das bedeutende Megalithgrab Ca Na Costa bei Es Pujols alt

fen. Den langen **Sandstrand** des Ortes mit dem Wehrturm *Punta Prima* im Osten schätzen nicht nur Sonnenanbeter, sondern auch Windsurfer, da hier mitunter eine kräftige Brise weht.

Eine Attraktion für Urlauber ist der in den späten Nachmittags- und frühen Abendstunden vor dem Hostal *Sa Volta* (s. u.) in der Carrer Miramar stattfindende **Künstlermarkt**. Hier verkaufen zahlreiche Residenten und Einheimische handbedruckte T-Shirts und Kleider, bemalte Tonvasen und filigran gearbeiteten Schmuck. Auch Ibiza-Taschen und *Espadrilles*, die hübschen spanischen Stoffschuhe mit Bastsohle, kann man hier günstiger als in den Geschäften erstehen.

In Es Pujols gibt es einige besonders attraktive Restaurants, entlang der Strandpromenade bekommt man Italienisches ebenso wie Sushi. Andere Lokale bieten die Spezialitäten der einheimischen Küche. Das meist empfehlenswerte Menü des Tages wird an Schiefertafeln vor dem Lokal angeschrieben. Fischliebhaber kommen mit der Wahl von *Suquet de Peix*, einer köstlichen Fischplatte, bestimmt auf ihre Kosten. Hervorragend schmecken die gelegentlich angebotenen *Huevos a la Sollerica*, Spiegeleier, serviert mit Erbsensoße auf würziger Sobrassada-Wurst, oder die *Berenjenas Rellenas*, Auberginen, gefüllt mit einer kräftigen Mischung aus Tomaten, Fleisch, Zwiebeln und Kräutern.

Ausflug

Nur 2 km nordwestlich von Es Pujols, am Salzsee *Estany Pudent*, liegt die archäologische Ausgrabungsstätte **Ca Na Costa**. Der gut ausgeschilderte Anfahrtsweg eignet sich bestens für einen Fahrradausflug, der jedoch in den kühleren Vormittags- oder späten Nachmittagsstunden unternommen werden sollte. Erst 1974 wurde das etwa 3800 Jahre alte *Megalithgrab* freigelegt, das Archäologen inzwischen zu den bedeutendsten vorgeschichtlichen Stätten der Balearen zählen. Ca Na Costa besteht aus einer Grabkammer, die von sieben aufrecht stehenden Steinplatten mit bis zu 2 m Höhe umgeben ist. Deutlich ist der aus niedrigen Steinen geformte Eingang zu erkennen. Weitere kleinere Felsplatten verlaufen sternförmig vom Grab nach außen und lassen darauf schließen, dass die Stätte möglicherweise von zwei steinernen Ringwällen umgeben war. Eine kleine Sensation war die Entdeckung von Skelettfragmenten, die von sechs bis acht Männern und zwei Frauen stammen. Außerdem fand man im Grab Keramiktöpfe, Schmuck und eine steinerne Axt, die heute im *Museu Arqueològic* in Eivissa [s. S. 24] ausgestellt sind. Diese Objekte ermöglichten eine Datierung des Grabes auf etwa 1800 v. Chr. Die gesamte Anlage ist eingezäunt und kann nur von außen eingesehen werden.

ℹ Praktische Hinweise

Taxi

Taxiruf Tel. 971 32 23 42

Hotels

***Roca Bella**, Platja d'Es Pujols, Tel. 971 32 81 30, www.zulmarhotels.com. Das Haus bietet gepflegte Zimmer mit kleinen Balkonen. Es liegt direkt am Wasser am Rand der Bucht von Es Pujols. Fünf Minuten Fußweg am Strand entlang zum Ortszentrum.

****Lago Playa**, Tel. 971 32 85 07, www.zulmarhotels.com. 1 km von Es Pujols entfernt liegt die Ferienanlage zwischen Pinien und Dünen. Die Zimmer haben Balkon. Swimmingpool und Kinderspielplatz sind vorhanden. 150 m Fußweg zur Playa de Sa Roqueta.

****Sa Volta**, Carrer Miramar 94, Es Pujols, Tel. 971 32 81 25, www.savolta.com. Kleines, nur 150 m vom Strand entferntes Hotel mit 22 Zimmern, drei Suiten, herrlich erfrischendem Dachpool und Café.

***Levante**, Carrer Espalmador 21, Es Pujols, Tel. 971 32 81 93, www.hostal-levante.com. Das zentrumsnahe Hostal mit Restaurant und Pool ist beliebt bei jungen Leuten, die familiäre Atmosphäre schätzen.

***Rosales**, Avda. Miramar, Es Pujols, Tel. 971 32 81 23, www.rosales-formentera.com. Kleines und modernes Hostal mit recht komfortablen Zimmern. Wegen des Straßenlärms nichts für Ruhebedürftige.

Restaurants

Rigatoni, Calle Fonnol Mari 1, Lungo mare, Es Pujols, Tel. 971 32 83 51, www.rigatoniformentera.com. Lockt mit feiner italienischer Küche stets viele Gäste an.

S'Avaradero, Avda. Miramar 32–36, Es Pujols, Tel. 971 32 90 43. Auf mehreren offenen Terrassen mit Blick zum Meer serviert man mediterrane und argentinische Küche. Fisch und Schalentiere frisch aus dem eigenen Becken.

Timón, Avda. Miramar 106–108, Es Pujols, Tel. 971 32 89 82. Argentinische Steakspezialitäten und Fischgerichte nach Art des Hauses, auf Wunsch auch vom Grill.

49 Es Trucadors und S'Espalmador

Ferienträume gehen in Erfüllung.

An der Westseite der nadelförmigen Halbinsel **Es Trucadors**, die in Richtung Norden gen Ibiza weist, liegt der herrliche, 3 km lange Dünen-Sandstrand **Platja de Ses Illetes**, Formenteras einziges FKK-Areal. Im Mittelpunkt des Geschehens steht hier das Terrassenrestaurant ›Juan y Andrea‹ [s. u.], von dem man bis zum mythenumwobenen Felseiland Es Vedrà [Nr. 10] hinübersieht. In die Tische des Lokals sind Spielfelder für Mühle, Schach und Backgammon eingelassen, am Strand ist ein Volleyballnetz ge-

Beliebtes Fortbewegungsmittel auf Formentera sind neben Fahrrädern die Motorroller

Platja de Ses Illetes – Formentera ist für Bilderbuchstrände wie diesen berühmt

spannt, und vor der Küste ziehen Segelboote vorbei. Die Platja ist ideal für Familien, noch 50 m vom Ufer entfernt ist das Wasser nur knietief, sodass Eltern ihre Kinder bedenkenlos plantschen lassen und selbst das Strandleben genießen können. Im Schatten unter Segeltüchern, die zwischen Palmen gespannt sind, kann man einen Cocktail schlürfen und die Jachten betrachten, die hier und gegenüber an der *Platja de Llevant*, ankern. Und dann ein Bad im glasklaren Wasser oder ein Picknick am Strand – auf Formentera sind es die kleinen Dinge, die selbst verwöhnte Urlauber begeistern.

Nur zu Fuß gelangt man zur äußersten Nordspitze der Halbinsel. Ihr vorgelagert ist die winzige, etwa 2 km lange und 1 km breite Felseninsel **S'Espalmador**. Der Blick von dort ist bei klarem Wetter beeindruckend, doch braucht man zum Übersetzen ein Boot. Schilder warnen ausdrücklich davor, die rund 200 m breite Meerenge zu durchschwimmen, zu gefährlich sind die Strömungen.

Im Südwesten von S'Espalmador erstreckt sich die weit geschwungene **Punta Gastabi**, die vor allem bei Seglern sehr beliebt ist. Während der Sommermonate treffen sich hier Dutzende von Bootsbesitzern zum Sonnen, Schwimmen und zum Erfahrungsaustausch. Eine Attraktion sind auch der herrliche *Sandstrand* und das saubere, klare Wasser. Vor

der Westspitze der Bucht liegt die **Isla de Gastabi**, ein reizvolles Fotomotiv.

Man sollte sich Zeit lassen, um S'Espalmador zu erkunden. Bei einem Spaziergang entlang des kleinen, nördlich der Bucht gelegenen Salzsees kann man in den frühen Morgen- und Abendstunden Vögel beobachten oder grün schillernden Eidechsen bei ihrem Sonnenbad auf den Steinen zusehen. Gut zu Fuß zu erreichen ist auch der an der südlichen Westküste von S'Espalmador stehende **Torre de Sa Guardiola**, einer der vielen Verteidigungstürme aus dem 18. Jh.

ℹ️ Praktische Hinweise

Restaurant

Es Molí de Sal, Platja de Ses Illetes, Tel. 971 18 74 91, www.esmolidesal.es. Die umgebaute alte Salzmühle ist spektakulär am Meer gelegen. Für Fischliebhaber ein (leider hochpreisiges) Highlight.

50 La Savina

Betriebsame, freundliche Hafenstadt mit Schiffsverbindungen nach Ibiza.

In La Savina, dem einzigen **Hafen** der Insel, wo die von Ibiza kommende Fähre anlegt, erwartet den Besucher eine idyllische und für Formentera charakteristische Einstimmung. Fischer reparieren ihre Netze oder entladen den morgendlichen Fang, Segelschiffe und Boote schaukeln im Wind, Männer diskutieren lebhaft über das Wetter und die neuesten Vorkommnisse im Inselrat. Großer Beliebtheit bei Jachteignern erfreuen sich die **Marina Formentera Mar** im westlichen Bereich des Hafens, die über 104 Liegeplätze verfügt, und die **Marina de Formentera** gleich daneben, die von Restaurants, kleinen Lebensmittelgeschäften und Läden für Schiffszubehör gerahmt wird. Hier findet man in einem der weißen Gebäude im niedrigen, inseltypischen Baustil die *Touristeninformation*, die Wander- und Radkarten sowie Restaurant- und Hotelverzeichnisse bereithält. In diesem Teil des Hafens herrscht meist eine angenehm-friedliche Atmosphäre, denn selbst während der Hochsaison sind die Marinas nur zu einem geringen Teil ausgelastet. Unter Palmen und Bougainvillea sitzt man bei einem Glas Wein, und aus den Restaurants kommen köstlich-aromatische Düfte.

Im Hafen von La Savina werden Mietmotorroller und Leihfahrräder angeboten. Auf der ›Insel der Radfahrer‹ gibt es zahlreiche **Circuitos Verdes**, als Rad- und Wanderwege gekennzeichnete ›Grüne Touren‹. Sie sind 1 bis 5 km lang und führen durch landschaftlich besonders reizvolle Inselregionen. Angesichts der geringen Entfernungen und der moderaten Steigungen ist eine solche Tour eine gute Möglichkeit, Formentera zu erkunden. Allerdings sollte man sich in den Sommermonaten nicht zu viel vornehmen: Wer um die Mittagszeit, vielleicht noch ohne Sonnenschutz, strampelt, kann sich leicht einen Sonnenstich holen. Alternativ kann man den Bus nach *El Pila de la Mola* [Nr. 58] nehmen, der unterwegs viele Stopps einlegt.

Nordwestlich der Ortschaft erstreckt sich die **Platja La Savina**, ein langer weißer Sandstrand mit zahlreichen Kiefern und Schatten spendenden Sabinozypressen. Das Wasser ist flach, und in den Strandrestaurants kann man sich mit kühlen Getränken erfrischen und sich richtig erholen.

ℹ Praktische Hinweise

Information

Oficina d'Informació i Turisme (OIT), Edificio Obras del Puerto, Calle de Calpe, Puerto La Savina, Tel. 971 32 20 57

Fähre

Eivissa–Formentera. La Savina (Formentera) wird vom 11 km entfernten Eivissa, aus angefahren. Die Passagierfähre legt dort am Fähranleger Estación Marítima an der Plaza de Antoni Riquer ab, im westlich gelegenen Hafen Dàrsena de Ponent, Passeig Marítim, Avda. de Santa

Schnittige Segelboote kann man in der Marina de Formentera in La Savina bewundern

Sportliche Inselerkundung – am Fähranleger La Savina stehen stets Leihfahrräder bereit

Eulària starten Passagier- und Autofähren. Im Sommer tgl. 8–20.30 Uhr. Kartenverkauf am Fähranleger, Reservierung ist nur für die Autofähre erforderlich.

Stündlich Schnellfähren (30 Min. Fahrzeit), alle zwei Stunden reguläre Fähren (60 Min.). Das Tragflügelboot benötigt 20 Min. für die Überfahrt. Die Autofähre (Trasmapi) befördert auch Passagiere und verkehrt je nach Saison 3–5-mal tgl.

Wo liegt was auf Formentera? – Die kleine Insel ist mit einer großen Karte schnell erklärt

Baleária, Tel. 902 16 01 80, www.balearia.net

Mediterranea Pitiusa, Tel. 971 32 24 43, www.medpitiusa.net

Trasmapi, Tel. 902 31 44 33, www.trasmapi.com

Taxi

Taxiruf Tel. 971 32 23 42

Hotels

****Hostal La Savina**, Avda. Mediterranea 22–40, La Savina, Tel. 971 32 22 79, www.hostal-lasavina.com. 39 kleine Zimmer, von denen die zum Strand ausgerichteten einen schönen Meerblick haben und auch deutlich ruhiger sind. Das Restaurant bietet stets Aussicht aufs Wasser.

****Hostal Bahía**, Avda. Mediterranea, La Savina, Tel. 971 32 21 42, www.hbahia.com. Das Haus am Hafen (neben dem Bellavista) bietet 33 Zimmer mit ansprechender Möblierung. Einige Räume verfügen über einen Balkon zum Jachthafen hin. Zum Hostal gehört auch ein vorzügliches Restaurant.

Restaurants

Cafetería Alhambra, Avda. Miramar 19, La Savina, Tel. 971 32 29 83. 200 m vom Hafen kann man hier z. B. ein Frühstück mit frisch gepressten Obstsäften genießen.

Es Molí de Sal, Platja de Ses Illetes, Tel. 971 18 74 91, www.esmolidesal.es. Spe-

Wie eine Festung wirkt die Església de Sant Francesc Xavier in Sant Francesc de Formentera

zialitäten dieses in einer alten Salzmühle untergebrachten Lokals mit Blick auf Ibiza sind Langusten, Paella und Fisch aus dem Ofen. Segler können auf Wunsch den Schlauchboot-Service von und zu ihrer Jacht nutzen.

Sa Sequi, Puerto La Savina, Tel. 9711874 94. 500 m vom Hafen entfernt liegt am Meer die überdachte Terrasse für schöne Sonnenuntergänge. Geboten wird mediterrane Küche mit Fisch-Spezialitäten und Paella.

51 Sant Francesc de Formentera (San Francisco Javier)

Kleiner Ort mit dem atmosphärischsten Kirchplatz der Insel.

Welch ein Unterschied zu Ibizas umtriebiger quirliger Hauptstadt Eivissa! Sant Francesc (1500 Einw.), der Verwaltungssitz und kulturelle Mittelpunkt Formenteras, ist kaum mehr als ein kleines friedliches Dorf mit Rathaus, Postamt und Kirche. Niedrige weiße und pastellfarbene Häuser stehen entlang der oft engen Straßen, in Gärtchen wachsen und duften Orangen- und Zitronenbäume, Mimosen und Lavendel. Eine mediterrane Idylle – besonders im Winter und im zeitigen Frühjahr, wenn es in anderen Ländern Europas noch kalt und grau ist, kann man hier bereits im Freien den morgendlichen Milchkaffee genießen.

Doch trotz der Idylle: Mit einer gewissen Skepsis betrachten die Bewohner die steigenden Touristenzahlen. Einerseits freut man sich über den zunehmenden Wohlstand, der damit verbunden ist, andererseits fürchtet man negative Begleiterscheinungen wie z.B. das Drogenproblem in Eivissa. Noch sind auf Formentera und in Sant Francesc die sozialen Strukturen intakt, kennt jeder jeden. Auch die Residenten, die sich in der Umgebung alte Fincas gekauft und sie restauriert haben, sind in dieses dörfliche Leben integriert. Manche von ihnen leben ständig auf der Insel, andere nur wenige Monate im Jahr. Aber alle treffen sich im Zentrum ihrer ›Hauptstadt‹, auf der hübschen **Plaça de sa Constitució**, wo die meisten Straßen der Ortschaft sternförmig zusammentreffen. Hier und in der anschließenden *Fußgängerzone* verkaufen einige Althippies an Ständen schönes Kunsthandwerk aus Fernost, bestickte Tücher aus Nepal und Silberschmuck aus Indien. Hier sitzen Jung und Alt vor den Bars im Schatten der Palmen und Ölbäume. Schwarz gekleidete alte Damen schlendern, rechts und links ihre Bekannten grüßend, vorbei, ausgestattet mit Körben, aus denen frisch gebackenes Stangenweißbrot ragt.

Stolz der katholischen Inselbewohner ist ihre wuchtige, die Plaça dominierende Wehrkirche **Església de Sant Francesc**

Laufsteg – die Fußgängerzone in Sant Francesc eignet sich bestens für einen Bummel

Xavier, der bedeutendste Kirchenbau Formenteras. Er wurde 1726, nach der Wiederbesiedlung der kleinen Pityuseninsel, erbaut. In jenem Jahr besuchte der Erzbischof Manuel de Samaniego die Nachbarinsel Ibiza und erteilte den Siedlern von Formentera die Erlaubnis, eine neue Kiche zu errichten. Weniger religiöse als vielmehr verteidigungspolitische Gründe waren ausschlaggebend für ihren Bau. Das Gotteshaus mit dicken Mauern und kleinen Lichtluken im Chor, zudem bestückt mit Kanonen, sollte die Einwohner vor den Überfällen türkischer und maurischer Seeräuber schützen. Deshalb ist die massive Holztür, durch die man das einschiffige Bauwerk betritt, noch zusätzlich mit Eisenplatten verstärkt. Im überschaubaren Kircheninneren wird der Blick des Besuchers gleich angezogen von dem vergoldeten Hochaltar und einer Statue des Schutzheiligen San Francisco de Javier.

In der Nähe, in der Carrer Jaume I Nr. 17 (Ecke Carrer Santa Maria), stößt man auf das liebevoll geführte **Museu Etnològic** (Tel. 971 32 26 70, Mai–Sept. Mo 19–21, Di–Sa 10–14 und 19–21, So 10–13 Uhr). In dem kleinen Völkerkundemuseum erklärt man Besuchern auf Wunsch gern die alten Gerätschaften, welche die Bauern und Fischer auf Formentera noch bis vor kurzem verwendet haben.

Ein Spaziergang führt von hier zu der in der Carrer d'Eivissa am südöstlichen Ortsrand gelegenen **Capella Sa Tanca Vella**, dem ältesten christlichen Bauwerk Formenteras. Die winzige rechteckige Kapelle wurde im 14. Jh., nach der Vertreibung der Mauren, von Katalanen aus ockerfarbenen Feldsteinen errichtet und mit einem kleinen Glockenturm versehen. Der nur wenige Quadratmeter messende Innenraum konnte wohl kaum mehr als ein Dutzend Gläubige aufnehmen. Nach dem Bau der Pfarrkirche von Sant Francesc wurde die Kapelle säkularisiert, an Privat verkauft und anschließend völlig in ein Bauernhaus integriert. Erst als man dieses Gebäude 1985 abriss, konnte die Capella freigelegt und restauriert werden.

Einblicke ins ländliche Leben bietet das Museu Etnològic in Sant Francesc de Formentera

Türkisfarbenes Kleinod – die Cala Saona ist bei Seglern und Anglern besonders beliebt

ℹ️ Praktische Hinweise

Information

Oficina d'Informació i Turisme (OIT), Rathaus, Plaça de sa Constitució 1, Sant Francesc, Tel. 971 32 10 87

Taxi

Taxiruf Tel. 971 32 20 16

Hotel

****Can Rafal (Casa Rafal),** Carrer Isidor Macabich 12, Sant Francesc, Tel. 971 32 22 05. Zu dem freundlichen Gästehaus mit 20 Zimmern gehört ein beliebtes Restaurant, das preisgünstige Fisch- und Lammgerichte serviert.

****Casa de Huéspedes del Centro,** Plaça Constitutió 3, Sant Francesc, Tel. 971 32 20 63. Ruhige Lage in der Fußgängerzone, Café-Terrasse vor dem Haus, kleine Zimmer, zum Teil mit Balkon und Blick auf die Kirche; Internetzugang gratis.

Restaurants

Can Gavinu, Ctra. de Sant Francesc a Sant Ferran, km 3,3, Sant Francesc, Tel. 971 32 24 21. Atmosphäre und Speisen in diesem historischen Landhaus sind vom Besten: Paella, würzige Lammeintöpfe und eine große Tapas-Auswahl.

Juan y Andrea, Juan y Andrea, Platja de Ses Illetes, Sant Francesc, Tel. 971 18 71 30, www.juanyandrea.com. 1972 kam der Fischer Juan auf die Idee, sich mit einem Strandrestaurant einen Nebenerwerb aufzubauen. Was er vom Meer mitbrachte, verarbeitete Andrea zu einfachen, frischen Gerichten. Erst wussten nur Insider von diesem Ort, in dem die Holztische im Sand stehen und die Kellner barfuß bedienen. Heute fahren die Gäste vielfach mit ihren Jachten vor – aus der Strandbude an einem der schönsten Strände ist ein Jetset-Restaurant geworden. Unbedingt probieren: Wolfsbarsch in Salzkruste *(lubin a la sal)*.

Bar

Bar Centro, Plaça de la Constitucio, Sant Francesc, Tel. 971 32 20 63. Hier treffen sich einfach alle. Ob zum Kaffee am Morgen, Bocadillo am Mittag oder Aperitif zum Abend. Die authentische spanische Bar gegenüber der Kirche wird von Einheimischen genauso geliebt wie von Touristen. Den Besitzern gehört auch das sehr viel elegantere **Hotel Es Marès** schräg gegenüber – die einzige Luxusherberge auf Formentera, die von einer Familie vor Ort betrieben wird (www.hotelesmares.com) .

Der Torre des Garroveret am Cap de Barbària diente einst zum Schutz vor Piraten

52 Cala Saona

Traumbucht für Sonnenanbeter.

In hellem Türkis schimmert das Meer, so glasklar, dass man die Steine auf dem Grund sehen kann. Bis an den Strand der kleinen Sandbucht im Westen Formenteras reicht der Pinienwald. Es duftet nach Wildkräutern, leise plätschern die Wellen ans Ufer – ein fantastischer Platz zum Sonnen und Schwimmen. Landschaftlich eindrucksvoll ist die Küstenlandschaft, eine Komposition aus Grotten, Steilwänden, Felstoren und -türmen.

In Aussichtslage oberhalb des Strandes und zwischen Pinien steht das *Hotel Cala Saona* [s.u.], dessen Terrasse ein traumhafter Platz für einen Drink bei Sonnenuntergang ist. Wenn die Dämmerung einsetzt, tuckern Fischerboote vom Meer zurück in die Bucht. In alten Bootsschuppen, *Varaderos* genannt, verstauen die Männer ihre geflochtenen Körbe, Kisten und Fischernetze. Früh am nächsten Morgen, wenn die ersten Urlauber wieder aufs Neue ihre Plätze am Wasser einnehmen, fahren auch die Fischer wieder hinaus aufs Meer.

i Praktische Hinweise

Hotel

****Cala Saona**, Platja Cala Saona, Tel. 971 32 20 30, www.hotelcalasaona. com. Vierstöckiges modernes Haus oberhalb des Strandes, Balkonzimmer mit Meerblick, Pool, Tennisanlage und Spielplatz.

53 Cap de Barbària

Die windumtoste Hochebene war bereits in der Jungsteinzeit besiedelt.

Der Südwesten Formenteras ist eine friedliche und unspektakuläre Landschaft, farblich geprägt durch allerlei Brauntöne. Die Straße von Sant Francesc zum ›Barbarenkap‹ führt vom Ortsrand zunächst an einem uralten, von Hölzern gestützten Feigenbaum vorbei und dann durch einen Pinienwald. Immer wieder zweigen schmale Wege von der Hauptstraße zu Haferfeldern und kleinen weißen Bauernhäusern ab. Die Anwesen, Gärten und Felder sind durch akurat aufgeschichtete Trockensteinmauern, die *Tancas*, voneinander getrennt, die traditionelle Methode zur Kennzeichnung des Besitzes und zum Schutz vor Erosion.

Die Landschaft wirkt zunehmend trockener, die Vegetation eintöniger: Die Hochebene *Es Pla del Rei* ist erreicht, hier gedeiht kaum mehr als wilder Rosmarin und Thymian. Schließlich taucht der südlichste Punkt Formenteras auf, das Cap de Barbària, eine einsame, vom Wind umtoste Gegend. Die Straße endet beim Leuchtturm **Far de Barbària**, der noch immer pünktlich ab dem Sonnenuntergang seine Lichtsignale übers Meer schickt. Von hier aus öffnet sich ein beeindruckender Blick über die Klippen mit ihren unzähligen Höhlen hinunter auf das stahlblaue Wasser. Allerdings ist der Aussichtspunkt nur etwas für Beobachter, die schwindelfrei sind, denn die Felsen fallen rund 100 m steil zum Wasser hin ab.

Ein Stück weiter östlich ragt der gut erhaltene honigfarbene **Torre des Garroveret** in die Höhe. Wehrtürme wie dieser erinnern an jene unruhigen Zeiten nach der Christianisierung Formenteras, als die Bevölkerung der Insel immer wieder von türkischen und maurischen Piraten heimgesucht wurde.

Auf dem Rückweg nach Sant Francesc lohnt ein Stopp bei einer als **Cap de Barbària II** ausgeschilderten prähistorischen Stätte mit den Überresten einer Megalith-Siedlung. Sie zeugen davon, dass Formentera bereits in der Jungsteinzeit (2. Jahrtausend v. Chr.) besiedelt war. Entdeckt haben die Archäologen u.a. die Fundamente mehrerer Häuser mit hufeisen- bzw. spitzbogenförmigen Grundrissen. Die Ausgrabungsstätte kann zwar nicht betreten, durch die Umzäunung aber gut eingesehen werden.

54 Sant Ferran de ses Roques (San Fernando)

Ein Ort mit Hippievergangenheit.

Formentera-Kenner bekommen leuchtende Augen, wenn von Sant Ferran de ses Roques (150 Einw.) die Rede ist. Hier im Inselinneren, an der Abzweigung von der Hauptstraße nach Es Pujols, wurde in den 1950er-Jahren der Grundstein zum Formentera-Mythos gelegt. In jener Zeit, als der Tourismus noch in den Kinderschuhen steckte, zählte Spanien zu den exotischen Destinationen. Und Formentera lag quasi am Ende der Welt.

Doch dann bestiegen besonders Abenteuerlustige auf Ibiza das Fährschiff zu der bis dato unbekannten kleinen Schwesterinsel. Beliebter Treffpunkt war bald die 1953 von dem ortsansässigen Pepe gegründete Dorfschenke **Fonda da Pepe** [s.u.], die in kürzester Zeit bei Balearenfreunden als Geheimtipp gehandelt wurde. Kaum mehr als ein paar Holztische und Stühle bildeten damals die ganze Ausstattung der Bar, in der vor allem kräftiger Landrotwein ausgeschenkt wurde. Als immer mehr Besucher von Ibiza herüberkamen, wurde die Fonda zur Vier-Zimmer-Pension und später zum Gasthaus umgestaltet. Heute ist die Fonda da Pepe, die inzwischen von Sohn Julian geführt wird, mit ihren grünen Wänden und der himmelblauen Decke ein wichtiger Programmpunkt bei jeder Inseltour. Doch die meisten Besucher sind enttäuscht, denn im Grunde gibt es nicht wirklich etwas zu besichtigen. Das Etablissement zehrt noch heute von seinem legendären Ruf in den 60er- und 70er-Jahren des 20. Jh. Dennoch ist es auf eine gewisse Art noch immer das heimliche Inselzentrum und außerdem schmeckt das Essen ausgezeichnet. Abends ist die Fonda und die Straße davor Treffpunkt jugendlicher Touristen.

Eindrucksvolle Lichteffekte verleihen der bizarren Cova d'en Xeroni ein besonderes Flair

Hinter dem Spielplatz ist die unter dem Namen ›Bobs Leihbibliothek‹ bekannte **Biblioteca Internacional** zu Hause. Ab 1970 von dem Kalifornier Bob Baldon eingerichtet, wuchs sie zu seinen Lebzeiten auf einen Bestand von über 25 000 Büchern in einem Dutzend Sprachen an. Der Amerikaner galt als Guru in Sachen Lebensphilosophie. Er starb im Januar 1997 und ist auf dem hiesigen Friedhof begraben. Seither ist die Sammlung im Besitz der Gemeinde und wird ehrenamtlich von der Vereinigung *Amigos de la Biblioteca Internacional* verwaltet.

Nur ein paar Schritte entfernt steht die aus ockerfarbenen, unverputzten Bruchsteinen errichtete **Esglèsia de Sant Ferran**. Das Entstehungsdatum des Kirchleins ist nicht genau bekannt. Der leicht erhöhte Platz davor ist Fußgängerzone, in der jeden Vormittag ein kleinerer **Hippiemarkt** stattfindet. Abends, wenn die Pfarrkirche angestrahlt ist, trifft sich hier die Inseljugend.

Am südöstlichen Ortsausgang, an der Straße von Sant Ferran Richtung La Mola (Via Major), liegt die **Cova d'en Xeroni** (Cueva de Xeroni, Mai–Sept. tgl. 9–19 Uhr). Zu dieser Tropfsteinhöhle, die 1975 zufällig bei landwirtschaftlichen Arbeiten entdeckt wurde, führt rechts ein holpriger Weg hinauf. Im Rahmen einer der stündlich stattfindenden Führungen kann man die mit bunten Scheinwerfern illuminierte Welt der Stalagmiten und Stalaktiten bei Musikuntermalung bestaunen.

ℹ Praktische Hinweise

Hotels

****Illes Pitiüses**, Avda. Juan Castelló Guasch 48, Sant Ferran, Tel. 971 32 87 40, www.illespitiuses.com. Sehr gemütliches kleines 25-Zimmer-Hotel mit Café.

***Hostal Pepe**, Carrer Mayor 68, Sant Ferran, Tel. 971 32 80 33. Einfache, dafür recht teure, im Winter aber geheizte Zimmer.

Restaurants

Fonda da Pepe, Carrer Mayor, Sant Ferran, Tel. 971 32 80 33. Das legendäre Lokal besteht aus mehreren Speiseräumen, einer Bar und einer schmalen Terrasse. Von Tapas bis zu Fischgerichten reicht hier die Auswahl. Zu den Spezialitäten gehört der in Minze und Knoblauch eingelegte, knusprig gebratene Lammbraten.

Oasen des Meeresgrundes

Die meisten Ibiza-Urlauber wissen nicht genau, was Seegras ist, sie ärgern sich vielmehr über das an den Strand geschwemmte, seltsam-braune Zeug. Dabei werden **Seegraswiesen aus Poseidongras** (*Posidonia oceanica*) von Meeresbiologen als ›Oasen des Meeresgrundes‹ bezeichnet, was auf ihre Bedeutung für die Natur hinweist. Besonders gut erhalten im Vergleich zum übrigen Mittelmeer sind die Wiesen in den Flachwasserzonen zwischen Ibiza und Formentera.

Das Poseidongras ist mit Wurzeln im Boden verankert und gehört daher nicht zur Familie der Algen. Mit Hilfe von Sonnenlicht wird es in organische Verbindungen (Photosynthese) und somit in **Nahrung** für zahlreiche Kleinlebewesen wie Schnecken und Muscheln verwandelt. Darüber hinaus reichert es das Wasser mit Sauerstoff an. In weiten Teilen des Mittelmeers ist das Poseidongras bereits ausgestorben oder aufgrund von Abwässern oder Arbeiten auf dem Meeresgrund deutlich zurückgegangen. Eine der dramatischen Folgen des Verschwindens der Seegraswiesen ist, dass auch die wichtigen Bestände an Hummer, Langusten, Schildkröten und Fischarten, vor allem Thunfisch, zurückgehen. In den stürmischeren Wintermonaten übrigens wirkt das segensreiche Poseidongras an den Stränden zudem als **Wellenbrecher** und verhindert, dass der feine Sand fortgespült wird.

Die Berge von Seegras sind wichtige ›Naturschützer‹ und beliebte Spielplätze

Meeresblick und Drinks: Ein Strandklassiker ist die Blue Bar an der Platja Migjorn

La Tortuga, Ctra. la Mola, km 6,2, Sant Ferran, Tel. 971 32 89 67, www.latortuga-formentera.com. Spezialitäten des Lokals in einer alten Finca sind Grillgerichte, trotz des Schildkröten-Wandbilds vor allem Spanferkel.

Sa Finca, Carrer Tarragona 17–21, Sant Ferran, Tel. 971 32 90 28. Kleines Restaurant mit schöner Terrasse, bekannt für vorzügliche Fischgerichte.

Bar

Verdera, Carrer la Mola, Sant Ferran. Bereits zum Frühstück geöffnetes Lokal, in der sich vor allem Residenten treffen.

55 Platja de Migjorn

Herrlicher Strand, an dem hüllenlos braun werden die Devise ist.

Ein Traum für Sonnenanbeter ist der über 6 km lange **Sandstrand** Platja de Migjorn im Süden Formenteras. Kleinere Felsen teilen ihn in Abschnitte und Buchten und sorgen so für eine gewisse intime Atmosphäre. Natürlichen Schatten gibt es nicht, dafür viele kleine – mitgebrachte – Sonnenschirme, die einfach in den Sand gesteckt werden. Es herrscht angenehmes Laissez-Faire: Ein Ehepaar spielt hüllenlos Federball, ein paar Handtücher entfernt haben sich andere FKK-Freunde zum Kartenspiel getroffen.

So richtig voll wird es am Migjorn-Strand auch während der Hochsaison selten. Und so nimmt man gern in Kauf, dass der Wind bisweilen Seegras aus den Unterwasserwiesen zwischen Ibiza und Formentera anschwemmt – was zwar nicht besonders schön aussieht, aber absolut harmlos ist. Im Sommer wie im Winter schimmert das Wasser einladend glasklar, doch kann es an manchen Stellen gefährliche Unterströmungen geben. Also: Wenn die rote Flagge weht, auf keinen Fall schwimmen gehen!

Ein schöner Spaziergang führt entlang der Bucht zum östlich anschließenden Strand **Els Arenal**. Hier stößt man auf die *Blue Bar* [s. u.], einen beliebten Nostalgie-Treff für jung gebliebene 68-er. Zum Sonnenuntergang immer noch ein beliebter Treffpunkt – die Renner sind dann Aperol Sprizz und Mojito. Die moderne, luxuriöse Hotelanlage *La Mola* (Platja de Migjorn) bietet Café und Restaurant, die auch Nicht-Hotelgästen offen stehen. Außerdem verleiht sie u.a. Segelboote und Surfbretter an Wassersportfans.

Auch das traditionelle Formentera hat, zumindest teilweise, an der Platja de Migjorn überlebt. Frühaufsteher sehen immer wieder Fischer, die ihren Fang in den Restaurantküchen der Hotels abliefern. Gegen einen kleinen Obulus sind die Männer gern bereit, interessierte Besucher auf ihren Fischkuttern mit aufs Meer hinaus zunehmen.

i Praktische Hinweise

Hotels

****Riu La Mola**, Platja de Migjorn, Tel. 971 32 70 00, www.riu.com. Die Edelanlage besteht aus mehreren Reihen strahlend weißer Bungalows. Um den großen rechteckigen Pool gruppieren sich Liegestühle und Sonnenschirme. Wassersportler schätzen die im Haus befindliche Tauchschule.

***Casa Amarilla**, Platja de Migjorn, Tel. 971 32 86 14, www.guiaformentera. com/casaamarilla. Sechs Bungalows (50 m^2) mit Wohn-Schlafzimmer und Terrasse sind in ruhiger Lage in einen hübschen Garten gebettet. Die gepflegte Anlage an der Straße zum Migjorn-Strand (400 m zum Meer) ist ideal für Selbstversorger und bei längerem Aufenthalt.

***Gecko Beach Club,** Tel. 971 32 80 24, www.geckobeachclub.com. Hell und elegant, liegt Gecko Beach direkt am Meer. Das Boutique-Hotel gehört zu den Klassikern auf Formentera und ist auch für Hochzeitsfeiern bestens geeignet.

Hostal Maysi, Platja de Migjorn, Tel. 971 32 85 47. Die lebhafte, 50 m vom Strand entfernte, günstige Herberge mit kleinem Pool ist vor allem bei jungen Leuten beliebt, die bis tief in die Nacht bei einem kühlen Bier zusammensitzen.

Restaurants

La Fragata, Platja de Migjorn km 10,8, Tel. 971 18 75 95. Das bekannte Strandrestaurant serviert auf seiner Terrasse (Mai-Okt.) regionale Küche, vor allem mediterrane Fischgerichte sowie Paella.

Sol y Luna, Platja de Migjorn, Tel. 629 04 02 65. Mittelmeer-Köstlichkeiten auf der Terrasse am Strand.

Vista y Sol, Platja de Migjorn, km 10,7, Tel. 971 32 84 85. Bei prächtigem Meerblick kann man sich Paella, Steaks und fangfrischen Fisch schmecken lassen. Angeschlossen ist ein Souvenirladen.

Bar

Blue Bar, Els Arenal, www.bluebar formentera.com. Erst am späten Nachmittag füllt sich die Strandbar, ertönt laute Musik und werden die Getränke-Spezialitäten des Tages bekannt gegeben. Bis tief in die Nacht vergnügt man sich hier unterm Sternenhimmel.

Pirata Bus, Platja de Mitjorn, Kilometer 11, www.piratabus.com. Der VW-Bus von Pascual – genannt Pirata – ist zwar mittlerweile einer Strandhütte gewichen, aber die Stimme in der improvisierten Holzbude ist immer noch so herrlich wie zu Hippiezeiten.

56 Platja de Tramuntana

Sehr geschätzt bei Naturliebhabern, die Einfachheit und Ruhe bevorzugen.

Nordwestlich des Ortes Es Caló de Sant Agusti [s.u.] findet man die Platja de Tramuntana, an der Ruhe und Einsamkeit noch keine Fremdwörter sind. Um an diesem Strand mit seinen vielen Felsen und den kleinen, versteckten Sandbuchten einen schönen Ferientag genießen zu können, packt man am besten einen Picknickkorb, denn Restaurants wird man hier vergeblich suchen.

Abends treffen sich an der Platja immer wieder Einheimische und jüngere Urlauber, um über dem Lagerfeuer Fische zu grillen. Dazu fließt Rotwein, und es

Rein gar nichts für Einsamkeitsfanatiker ist der Strand von Els Arenal

Auf den Spuren der Römer: der Camí Romá, der von Es Caló de Sant Agustí bis La Mola verläuft

wird Gitarre gespielt. Übrigens ist der Strand nicht bewacht, sodass man besonders gut auf seine Wertsachen aufpassen sollte.

57   Es Caló de Sant Agustí

Tradition und Tourismus.

Vom Meer aus steigen die Klippen steil an zur Hochebene von La Mola. Westlich davon, an Formenteras schmalster Stelle, liegt der einstige Fischerhafen Es Caló de Sant Agustí. Mittlerweile haben sich hier mehrere kleine Restaurants und Pensionen angesiedelt, doch nach wie vor verläuft das Leben in recht traditionellen Bahnen. Noch immer gehen viele der Männer ihrem Erwerb als Fischer nach, kochen die Frauen die gleichen einfachen und bäuerlichen Gerichte, die sie schon von ihren Müttern her kennen. Urlauber, darunter viele Deutsche, schätzen an Es Caló die angenehm-ruhige Atmosphäre und die moderaten Preise. Nach einem Strandtag an den kleinen Sandbuchten der Platja de Tramuntana [Nr. 56] nimmt man Platz unter dem Sternenhimmel an einem der vielen Restauranttische und genießt lecker zubereitete Speisen, bevorzugt das, was die Fischer tagsüber den Lokalen geliefert haben.

In Es Caló bewegt man sich auf historischem Boden. Steinerne Platten des alten Römerweges **Camí Romá** ziehen sich vom Ortsrand hinauf zur Ebene von La Mola. Während der römischen Epoche beherbergte die Bucht von Es Caló mit dem *Porto Solarius* den bedeutendsten Hafen der Insel.

Etwa um 200 v. Chr. errichteten die Römer ganz in der Nähe ein Kastell, vermutlich um ihre großen Getreidespeicher zu schützen. Die Ruinen des römischen Kastells **Poblado Romano** (auch *Castellum Romanum* oder *Castell Romà de Can Blai*) wurden erst in der 1980er-Jahren entdeckt. Man erreicht sie, wenn man 2 km vor Es Caló (an der Straße von Sant Ferran) bei km 10 dem rechts abzweigenden Feldweg nach *Can Blai* folgt. Dort findet man dann die quadratische Baustruktur aus Kalksteinblöcken mit den Grundmauern von fünf Wehrtürmen.

ℹ️ Praktische Hinweise

Hotels

*Hostal Santi, zwischen Ca Mari und Es Calo, Tel. 971 32 83 75. Die gemütliche Pension liegt 200 m vom Strand entfernt und besitzt ein eigenes Restaurant. Mit Fahrradverleih und individueller Beratung für Inselausflüge.

*Can Rafalet, Es Caló, Tel. 971 32 70 16, www.hostal-rafalet.com. 15 einfache propere Gästezimmer. Die große Terrasse am Meer ist ideal, um maleri-

Palmengerahmt präsentiert sich die Kirche des Ortes El Pilar de la Mola

sche Sonnenuntergänge und regionale Spezialitäten wie Gemüseeintopf zu genießen.

***Entre Pinos**, Barrio Pinos, Es Caló, Tel. 971 32 70 19, www.hostalentrepinos. com. 400 m vom Meer und 500 m von Es Caló entfernt, 54 Zimmer mit Bad und Terrasse oder Balkon. Pool und Buffet-restaurant.

58 El Pilar de la Mola

Attraktiver Hippiemarkt.

Hinter dem Ort Es Caló steigt die Straße nach Osten in Serpentinen auf 150 m Höhe an und führt anschließend durch die landschaftlich reizvolle Hochebene La Mola. Vorbei geht es an üppigen Feldern, auf denen Hafer, Tomaten und Kartoffeln gedeihen, man sieht alte Weingärten, knorrige Feigenbäume und einen Kiefernhain. Auf den Weiden, die durch Trockensteinmäuerchen unterteilt sind, grasen Ziegen und Schafe.

Auf dem Marktplatz von El Pilar (1000 Einw.), den die Kirche **Nuestra Señora del Pilar** aus dem Jahr 1784 beherrscht, findet jeden Mittwoch und Sonntag von 15 bis 20 Uhr ein berühmter **Hippiemarkt** statt. Welch ein Fest fürs Auge: Tische und alte Türblätter, bedeckt mit üppig fallenden Tüchern in allen Regenbogen-Farben, hübsch gestylte Verkäuferinnen in altmodischen Spitzenkleidern, angetan mit bunten Holzperlenketten und breiten Strohhüten zum Schutz gegen die Sonne. Selbst wer nichts kaufen möchte, wird von den schönen Farbkombinationen und dem opulenten Angebot an handgewebten Schultertüchern, bestickten Westen, Eisenlaternen, kleinen bemalten Truhen sowie Silber- und Goldschmuck begeistert sein.

Auch viele Kinder sind ins Marktgeschehen einbezogen. Sie verkaufen bunte Freundschaftsbändchen und bemalte Kieselsteine, gebastelten Schmuck und muschelverzierte Spiegel, Ledergürtel und T-Shirts. An einigen Ständen kann man Vollkornbrot und selbst gemachte Marmelade erstehen. Auch das kulturelle Begleitprogramm lässt nichts zu wünschen übrig. Zur Freude vor allem der Kinder demonstrieren Messerwerfer und Jongleure ihr Können, werden Besucher und Verkäufer mit Gitarrenmusik unterhalten.

Ausflug

Nördlich von El Pilar de la Mola stößt man am Rand der zerklüfteten Küste auf die **Cova d'es Fum**, die einst Schauplatz einer schaurigen Begebenheit gewesen sein soll. Jahrhundertelang, so erzählt man sich in der Bevölkerung, hätten Piraten ihre geraubten Schätze in der ›Rauchhöhle‹ gehortet. Im Jahre 1108 schließlich jagte eine normannische Flotte unter Prinz Sigurd die Piraten bis in die Cova. Dort legten die Verfolger ein Feuer, dem die Bösewichte zum Opfer fielen. Der Weg zum Schatz war frei und die Bevölkerung freute sich mit den siegreichen Normannen – so die Sage.

ℹ️ Praktische Hinweise

Fest

Fiesta de San Juan. Am 24. Juni feiert El Pilar de la Mola das Fest ›Johannes der Täufer‹ mit Feuern, Musik, Folklore, Tanz, Markt, und mitternächtlichem Feuerwerk. Am 26. März beendet die ›Fiesta Flower Power‹ das Festtagsgeschehen.

Restaurants

Can Toni, Plaza Central, El Pilar, Tel. 971 32 73 77, www.cantoniformentera.com. Die Gäste sind jünger geworden: Can Toni, seit jeher Treffpunkt des Ortes, hat in den vergangenen Jahren eine Frischzellenkur inklusive superschnellen Internet bekommen. Die Einrichtung ist puristisch, die Küche modern. Jeden Tag gibt es nur wenige Gerichte der spanischen und internationalen Küche, das Angebot steht auf einer Tafel geschrieben.

Es Mirador, Ctra. a El Pilar, km 14,3, El Pilar, Tel. 971 32 70 37. Auf halber Strecke zwischen Es Caló und dem Hochplateau wurde das Restaurant, das seinen Namen ›Ausguck‹ zu Recht verdient, in die Felsen hinein gebaut. Es gibt Fisch und Meeresfrüchte, Paella oder den Reiseintopf *Arroz Marinera*. Zu empfehlen ist auch die *Ensalada de Bescuit*, ein typischer Salat der Insel.

Pequeña Isla, Avda. El Pilar 101, El Pilar, Tel. 971 32 70 68, www.pequenaisla.com. Reservierung dringend empfohlen. Ausgezeichnetes Restaurant, in dem leckere Lamm- und Fischgerichte serviert werden.

59 Cap de la Mola

Formenteras ›Ende der Welt‹, von Jules Verne literarisch verewigt.

Das Jules Verne Monument am Cap de la Mola ist ein viel besuchter Aussichtspunkt

Das Hochplateau Cap de la Mola im Südosten Formenteras ist ohne Zweifel der landschaftliche Höhepunkt einer Inselrundfahrt, zudem ein Paradies für Botaniker, die auf dem zerklüfteten Kalksteinfelsen seltene mediterrane Pflanzen wie das goldgelb leuchtende Balearische Johanniskraut und das weiße Balearische Alpenveilchen entdecken können. Unglaublich schön ist von hier aus der Blick übers Meer. Wer mit einem Fernglas ausgestattet ist, kann an klaren Tagen sogar Mallorca im Nordwesten erspähen. Einsam und rau ist diese windumtoste Gegend, in der eine gut erhaltene alte **Windmühle** – nach der übrigens das Kap benannt ist – noch immer ihre knarrenden Flügel dreht. Diese für das bäuerliche Formentera typische Getreidemühle stammt aus dem Jahr 1778 und ist heute im Besitz der *Fundació Illes Baleares*, einer Vereinigung zur Bewahrung historischer Gebäude. Unmittelbar oberhalb der steilen Felsklippen erhebt sich der weiße **Far**

Die Moli Vell de la Mola auf dem Cap de la Mola ist eine der wenigen erhaltenen Windmühlen

Der Far de la Mola erhebt sich stolz auf einem mächtigen Felsen 114 m über dem Meer

de la Mola, der Schiffen seit über einem Jahrhundert den Weg weist. Zweieinhalb schnurgerade Kilometer führen hin. Die Einheimischen bezeichnen das Cap de la Mola als das ›Ende der Welt‹. Wer sich nahe an den Abgrund beim Leuchtturm wagt, versteht warum: Beinahe senkrecht fällt hier die Wand 114 m zum Meer ab. Und in der Tiefe donnert die wilde Brandung mit voller Wucht gegen die Felsen.

Ganz in der Nähe erinnert das **Monumento Julio Verne** an Jules Verne (1828–1905), der Formentera in seinem Roman ›Reise durch das Sonnensystem‹ (1877) ein literarisches Denkmal gesetzt hat. Hier auf dem Cap de la Mola, so fantasierte der französische Schriftsteller, begann eine unglaubliche, abenteuerliche Reise. In der Geschichte werden Menschen be-

schrieben, die erleben, wie sich ein Teil des Mittelmeerraums von der Erde losreißt:»Plötzlich entdeckte Nina auf einem Flügel der Brieftaube ein paar Buchstaben, die mit einem Farbstempel aufgedrückt waren. Das ganze Wort ergab den Namen Formentera. ›Formentera!‹ rief der Hauptmann. Der Verfasser lebt also auf den Balearen. Wir müssen sofort hin und ihn holen. (…) Mit Hilfe des Kompasses und des Polarsterns konnte der Leutnant auch in der Nacht den Kurs halten. Bis zum nächsten Morgen war der Segelschlitten schon so weit vorangekommen, dass der Leutnant die Segel reffte und Kurs Nordost nahm, um Formentera unter dem Wind anlaufen zu können. (…) Und bald sahen sie auch ein paar Felsen, auf denen ein trigonometrisches Signal errichtet war. Einen Kilometer vor den Klippen wurde das Briggsegel eingezogen; der Schwung des Eisseglers reichte aus, um ihn bis ans Ziel zu treiben.«

Es empfiehlt sich, den Ausflug zum Plateau zeitlich so zu legen, dass man hier den Sonnenuntergang erleben kann, der sein traumhaftes Licht über die Felsen und das Meer schickt.

Praktische Hinweise

Bar

Mirador, Carretera de la Savina al Faro de la Mola, Tel. 971 32 70 37. Niemand kommt in dieses altehrwürdige und urspanische Ausflugslokal, um sich ins Restaurant zu setzen. Heißbegehrt sind vielmehr die Plätze auf der Terrasse: Bei einem Bocadillo oder Paella genießt man hier einen phantastischen Blick über Formentera.

60 Las Salinas

Ein Biotop für Meeresvögel.

Die schmale Landstraße von La Savina zieht sich in südlicher Richtung entlang früherer Salinen. In den flachen Lagunen von Las Salinas wurde über Jahrtausende hinweg, von der Römerzeit bis ins 20. Jh., das kostbare Salz aus dem Meerwasser gewonnen. Doch anders als auf Ibiza haben die Salzseen auf Formentera heute keine wirtschaftliche Bedeutung mehr. Die westliche Lagune wird *Estany des Peix*, ›See der Fische‹, genannt. *S'Estany Pudent*, ›der stinkende See‹, heißt die andere. Zwar können niedriger Wasserstand und starke Sonneneinstrahlung gelegentlich einen Fäulnisprozess der Algen und Grüngewächse in Gang setzen, doch ganz so schlimm wie der Name es suggeriert, ›duftet‹ es hier nicht. Naturschützer registrierten an den Uferzonen der Salzseen eine Vielfalt schützenswerter Vegetation, u.a. Kalisalzkraut und Portulak-Salzmelde.

Auf jeden Fall sind Las Salinas ein Paradies für viele Vogelarten. Einen besonders faszinierenden Anblick bieten im Winter die zahlreichen **Flamingos**, die sich hier versammeln und dann ganz plötzlich wie auf ein Kommando hin gleichzeitig in die Lüfte steigen. Dank der Initiative lokaler Umweltschutzgruppen stehen die Salinen, die insgesamt eine Fläche von 1300 ha einnehmen, seit 1985 unter Naturschutz.

Östlich dieses Biotops erstreckt sich die **Platja de Llevant**, ein langer und breiter Sandstrand. Vor dem beständig wehenden Wind suchen vor allem FKK-Anhänger Schutz in den Dünen.

Praktische Hinweise

Restaurant

Tanga, Platja de Llevant, Tel. 971 18 79 05. Strandrestaurant, in dem passend zur Location Paella, frischer Fisch und Hummereintopf mit Kartoffelscheiben serviert werden.

Paradies für Wasservögel: Seit Jahren stehen die Lagunen von Las Salinas unter Naturschutz

Ibiza und Formentera aktuell A bis Z

■ Vor Reiseantritt

ADAC Info-Service:
Tel. 0800 5 10 11 12 (Mo–Sa 8–20 Uhr).
Hier oder in den ADAC Geschäftsstellen können ADAC Mitglieder
kostenfreies Infomaterial anfordern.

ADAC im Internet:
www.adac.de
www.adac.de/reisefuehrer

Ibiza und Formentera im Internet:
www.tourspain.es

Spanisches Fremdenverkehrsamt
Deutschland
Berlin, Kurfürstendamm 63,
Tel. 030 882 65 43, berlin@tourspain.es

Düsseldorf, Grafenberger Allee 100, Tel.
0211 680 39 81, dusseldorf@tourspain.es

Frankfurt/Main, Myliusstr. 14, Tel.
069 72 50 38, frankfurt@tourspain.es

München, Schubertstr. 10, Tel.
089 53 07 46 0, munich@tourspain.es

Österreich
Wien, Walfischgasse 8/14, Tel.
01 512 95 80, viena@tourspain.es

Schweiz
Zürich, Seefeldstr. 19, Tel. 04 42 53 60 50,
zurich@tourspain.es

In Spanien gibt es auch Info-Telefon
(deutschsprachig): Tel. 901 30 06 00.

■ Allgemeine Informationen

Reisedokumente

Reisende aus Deutschland, Österreich
und der Schweiz benötigen einen gülti-
gen Reisepass oder Personalausweis. Für
Kinder bis 12 Jahre genügt auch ein Kin-
derreisepass.

Kfz-Papiere

Führerschein, Zulassungsbescheinigung
Teil 1 (Fahrzeugschein) muss Autofahrer
immer dabei haben. Empfohlen wird, die
Internationale Grüne Versicherungskarte
mitzunehmen, weil sie die Abwicklungen
bei einem Unfall erleichtert.

Krankenversicherung

Die **Europäische Krankenversicherungs-
karte** (EHIC) wird in ganz EU-Europa an-
erkannt und garantiert notwendige me-
dizinische Versorgung. Sicherheitshalber
empfiehlt sich der Abschluss einer zu-
sätzlichen Reisekranken- und Rückhol-
versicherung.

Hund und Katze

Für Hunde und Katzen ist bei Reisen innerhalb der EU ein gültiger, vom Tierarzt
ausgestellter EU-Heimtierausweis vorge-
schrieben, ebenso die Kennzeichnung
durch Mikrochip sowie eine Tollwutimp-
fung. Für bestimmte Rassen (dazu zählen
Pitbull Terrier oder Rottweiler) besteht in
der Öffentlichkeit Maulkorbpflicht und
Leinenzwang.

Zollbestimmungen

Persönlicher Bedarf unterliegt innerhalb
der EU keinen Beschränkungen. Richt-
mengen für den privaten Gebrauch sind:
5 Stangen Zigaretten oder 1 kg Tabak, 10 l
Spirituosen, 90 l Wein oder 110 l Bier. Diese
Bestimmungen werden derzeit geprüft
und eventuell künftig geändert. Informationen. www.zoll.de.

Bei Einreise in die Schweiz bleiben zoll-
frei: 200 Zigaretten, 50 Zigarren oder 250
g Tabak, 2 l alkoholische Getränke bis 15
% und 1 l Spirituosen über 15 % (für Personen ab 17 Jahren) sowie andere Waren
des persönlichen Bedarfs bis zu einem
Gesamtwert von 300 CHF. Mehr Informationen: www.ezv.admin.ch.

Geld

Kreditkarten werden in Banken, den
meisten Hotels und Geschäften akzeptiert. An den zahlreichen Geldautomaten
kann man Bargeld abheben.

Tourismusämter im Land

Ibiza
Oficina d'Informació i Turisme (OIT),
Passeig Vara de Rey 1, Eivissa,
Tel. 971 30 19 00

Oficina d'Informació i Turisme (OIT) del Aeropuerto de Ibiza, Terminal de llegadas del Aeropuerto de Ibiza, Sant Josep de sa Talaia, Tel. 971 80 91 18

Formentera

Oficina d'Informació i Turisme (OIT), Puerto de la Savina, 07870 La Savina, Tel. 971 32 20 57

In allen größeren Orten gibt es **Tourismusämter** des OIT, in denen man Auskünfte und Informationsmaterial erhält. Die Adressen sind unter den jeweiligen **Praktischen Hinweisen** aufgeführt.

Ärztliche Versorgung

Hospital Can Misses, Carre Corona 32, Eivissa, Tel. 971 39 70 00, Unfallstation, Tel. 971 30 02 00

Centro Médico, Av. Ricardo Cutoys Gottarredona, Santa Eulária, Tel. 971 33 23 00

Centro Médico, Venda des Brolls s/n, Sant Francesc de Formentera, Tel. 971 32 23 69

Service und Notruf

Notruf
Tel./Mobil: 112 (EU-weit:
Polizei, Unfallrettung, Feuerwehr)

ADAC Info Service
Tel. 0800 5 10 11 12
(Mo–Sa 8–20 Uhr)

ADAC Pannenhilfe Deutschland
dt. Festnetz: 0 180 2 22 22 22
(6 ct/Anruf),
Mobil: 22 22 22 (Verbindungskosten je nach Netzbetreiber/Provider)

Hilfe an Notrufsäulen
Unbedingt den ADAC verlangen

ADAC Notruf aus dem Ausland
Festnetz: +49 89 22 22 22

ADAC Notrufstation Spanien
Tel. 935 08 28 28,
Mobil: +34 935 08 28 28

ADAC Ambulanzdienst München
Festnetz: +49 89 76 76 76 (24 Std.)

ÖAMTC Schutzbrief Nothilfe
Tel. +43 1 25 12 00,
www.oeamtc.at

TCS Zentrale Hilfsstelle
Tel. +41 2 24 17 22 20,
www.tcs.ch

Diplomatische Vertretungen

Deutsches Honorarkonsulat/Consulado Honorario d'Alemania, Carrer d'Antoni Jaume 2-2°, 9a, 07800 Eivissa, Tel. 971 31 57 63 (Mo/Di, Do/Fr 9–12 Uhr)

Österreichisches Honorarkonsulat/ Consulado Honorario d'Austria, Calle Marià Cubí 7, 1°, 2a, 08006 Barcelona, Tel. 933 68 60 03 (nach Vereinbarung)

Schweizer Generalkonsulat/Consulado de Suiza, Gran Via de Carlos III, 94, 7°, Edificios Trade, 08028 Barcelona, Tel. 934 09 06 50 (Mo–Fr)

Besondere Verkehrsbestimmungen

Tempolimits: Auf Ibiza gilt für Pkw und Motorräder außerorts 90 km/h, auf Straßen mit mehr als einer Fahrspur je Richtung sowie auf Schnellstraßen 100 km/h, auf Autobahnen 120 km/h. Für Pkw mit Anhänger gilt: außerorts 70 km/h, auf Schnellstraßen/Autobahnen 80 km/h, Wohnmobile bis 3,5 t dürfen außerorts mit Tempo 80 bzw. 90 (Schnellstraßen) oder 100 (Autobahnen) unterwegs sein. Innerstädtisch gilt Tempo 50, in Wohngebieten 20.

Auf Formentera sind außerorts 70 km/h, innerorts 50 km/h erlaubt.

Die Promillegrenze liegt bei 0,5; für Personen, die den Führerschein noch keine zwei Jahre besitzen, gilt 0,3 Promille.

Überholverbot besteht vor Kuppen sowie auf Straßen, die nicht auf mindestens 200 m zu überblicken sind. Gelbe Linien (Zick-Zack oder unterbrochen) am Fahrbahnrand bedeuten Parkverbot. An blauen Markierungen ist das Parken zeitlich begrenzt, Beschilderung beachten!

Es besteht Anschnallpflicht, auf Motorräder und Mopeds Sturzhelmpflicht. Abschleppen durch Privatfahrzeuge ist verboten. Telefonieren mit Freisprecheinrichtung während der Fahrt ist erlaubt, Head-Sets etc. sind hingegen verboten, ebenso wie das Bedienen von Navigationsgeräten während der Fahrt. Bei Panne oder Unfall gilt die Warnwesten-Pflicht.

Wichtig: Verkehrsverstöße, insbesondere Geschwindigkeitsüberschreitungen und Alkoholdelikte, werden mit hohen Geldbußen geahndet.

Zeitungen

Die deutschsprachige Zeitung Ibiza heute (www.ibiza-heute.de) erscheint monatlich, ebenso das deutsch-spanische

Kulturmagazin INsel mit Veranstaltungshinweisen. Auch der monatlich erscheinende deutschsprachige ibizAnzeiger bietet touristische Hinweise.

Die spanische Tageszeitung Última Hora enthält mittwochs das deutschsprachige Ibiza Magazin, die Tageszeitung Diario de Ibiza (www.diariodeibiza.es) donnerstags eine Beilage mit Veranstaltungstipps.

 Anreise

Auto

Eine wichtige Route ab Deutschland führt von München über Genf, Lyon, Avignon nach Barcelona, Denia oder Valencia, von wo aus die Fähren nach Ibiza starten. Angesichts der niedrigen Flug- und hohen Fährpreise lohnt sich die Anfahrt mit dem eigenen PKW jedoch nur bei einem längeren Inselaufenthalt.

Bahn

Von Deutschland, Österreich und der Schweiz gibt es keine Direktverbindungen nach Ibiza und Formentera. Täglich verkehrt ein Zug von München über Genf nach Barcelona (21 Std.) oder zu einem der anderen spanischen Häfen wie Valencia oder Denia, die Fährverbindungen mit Ibiza haben. Auskunft bei:

Deutsche Bahn, Tel. 0180 6 99 66 33 (0,20 €/Anruf aus dem dt. Festnetz; max. 0,60 €/Anruf mobil), www.bahn.de

Bus

Busse fahren täglich von allen größeren Städten Deutschlands zu einem der spanischen Häfen, von denen man nach Ibiza übersetzen kann (s.u.). Auskunft bei:

Deutsche Touring, Am Römerhof 17, 60486 Frankfurt/Main, Tel. 069/790 35 01, www.eurolines.de

Flugzeug

Beinahe alle Besucher Ibizas reisen mit dem Flugzeug an. Die Flugzeit ab Frankfurt/M. beträgt rund 2 Std. Aus Deutschland, Österreich und der Schweiz wird Ibiza von verschiedenen Fluggesellschaften mehrmals wöchentlich angeflogen.

Direktflüge von vielen deutschen Städten nach Ibiza bieten während der Saison im Sommer Air Berlin, Condor, Easyjet, Germanwings und Ryanair.

Schiff

Von allen großen spanischen Mittelmeerhäfen verkehren Fähren nach Ibiza, im Sommer täglich, im Winter mehrmals pro Woche: ab Barcelona (9½ Std., Trasmediterranea), Valencia (Schnellfähre 4½ Std., Trasmediterranea), Denia (4½ Std. bzw. Schnellfähre 2 Std., Balearia).

Zwei- bis dreimal täglich pendeln Fähren zwischen Palma de Mallorca und Ibiza (4 Std. bzw. Schnellfähre 2 Std., Balearia; 3¾ Std., Trasmediterranea).

Zwischen Ibiza und Formentera pendeln regelmäßig mehrere Personen- und eine Autofähre; im Sommer auch eine direkte Schnellfähre (2 Std., Baleària) von Denia nach Formentera.

Bank, Post, Telefon

Bank

Öffnungszeiten: Banken (*Bancos*) öffnen in der Regel Mo–Fr 8.30–14 Uhr, in den Wintermonaten zusätzlich Sa 8.30–13 Uhr.

Post

Öffnungszeiten: Die Postämter (*Correos*) sind meist Mo–Fr 9–13 und Sa 9–12 Uhr. geöffnet.

Hauptpost: Avda. Isidor Macabich 67, Eivissa, Tel. 971 31 30 30. Briefmarken (*Sellos*) erhält man außer bei der Post auch im Tabakladen (*tabaco*). Die Portohöhe ändert sich meist zu Jahresbeginn.

Telefon

Internationale Vorwahlen
Spanien 00 34
Deutschland 00 49
Österreich 00 43
Schweiz 00 41

Die ehemaligen Ortsnetzkennzahlen (z.B. 971 für Ibiza) sind fester Bestandteil der neunstelligen Teilnehmernummern und müssen immer mitgewählt werden.

Öffentliche Telefonaparate funktionieren mit Münzen, Kreditkarten oder einer Telefonkarte (*Tarjeta Telefónica, Targeta per Trucar*), die man im Tabakladen (*Estanco oder Tabaco*) kaufen kann.

Bei Mobiltelefonen schaltet der Netzbetreiber bzw. Provider automatisch auf ein spanisches Netz um. Wer viel telefoniert, sollte sich vorab über günstige Tarife für Europa informieren.

Einkaufen

Öffnungszeiten: Mo–Sa meist 9/10–13 und 16–20 Uhr. Souvenirläden und Boutiquen des Hafenviertels von Eivissa sind im Sommer bis Mitternacht geöffnet. Supermärkte außerhalb der Ortschaften sind Mo–Sa bis 22 Uhr geöffnet.

Kunsthandwerk

Töpferwaren wie beispielsweise Minihäuser und Figuren sind ebenso wie Vasen, Krüge und Schmuckkacheln gern gekaufte Mitbringsel. Großer Beliebtheit erfreuen sich auch Basthüte, -taschen oder -sets sowie Stoffschuhe. Selten angeboten werden leider die schönen Olivenholzarbeiten. Auch Gold- und Silberschmuck von einheimischen Künstlern hat einen guten Ruf. Hochwertiges Kunsthandwerk kann man samstags auf dem Markt im Garten des Restaurants Las Dalias bei Sant Carles und freitags auf dem Mercadillo von Jesús erwerben.

Märkte und Hippiemärkte

Märkte für Kunsthandwerk, Souvenirs und Kitsch bietet beinahe jeder Ort. Die Hippiemärkte der 70er-Jahre sind Geschichte, ein großer Spaß ist bis heute **Las Dalías** (Sa 10–19 Uhr, im Sommer montags auch ab 19 Uhr) in der Nähe von Sant Carles – er hat einiges von seinem alten Flair bewahrt (www.lasdalias.de). Größer, aber auch verramschter, ist der ebenfalls legendäre Hippiemarkt in **Es Canyar** (Mi 10–19 Uhr) nahe Santa Eulària des Riu. An mehreren Hundert Ständen wird hier viel

Zu den beliebtesten Mitbringseln gehört Keramik aus dem Töpferdorf Sant Rafel

Buntes, aber auch viel Billiges aus Asien-Importen angeboten.

In Erinnerungen an frühere Hippiezeiten schwelgen kann man auch in **Santa Eulària** (tgl. außer Mi und So), **Portinatx** (So abends), **Sant Miquel** (Do) und **Platja d'en Bossa** (Fr), sowie auf Formentera in **El Pilar de la Mola** (Mi und So).

Essen und Trinken

Auf Ibiza gibt es fast 2000 Restaurants, 650 davon sind registriert. Neben ibizenkischer, andalusischer und galizischer findet man auf der Insel auch italienische, französische und deutsche sowie brasilianische, chinesische, japanische und thailändische Küche. Bei fast 1,5 Mio. Besuchern pro Jahr müssen die Lebensmittel zum größten Teil eingeführt werden. Auch ist das Angebot der meisten Lokale internationalisiert, es gibt neben spanischen Gerichten häufig Schnitzel, Steak oder Brathähnchen *(Medio Pollo)* mit Pommes Frites und Gemüse bzw. Salat.

In der Hochsaison sind empfehlenswerte Restaurants in der Regel bis auf den letzten Stuhl ausgebucht, ohne *Reservierung* ist meist kein Platz zu bekommen.

Zum Mittagessen trifft man sich nicht vor 13/14 Uhr, das Abendessen nehmen die Bewohner der Inseln meist erst ab 21 Uhr ein.

Trinkgeld

In Restaurants ist es üblich, ein Trinkgeld in Höhe von 10 bis 15 % des Rechnungsbetrages zu geben. Die Spanier nehmen das Wechselgeld in Empfang und lassen dann die *Propina* (Trinkgeld) auf dem Tisch liegen. Auch Gepäckträger, Zimmermädchen und Taxifahrer erwartet eine *Propina*.

Feiertage

1. Januar (Neujahr/*Año Nuevo*), 6. Januar (Heilige Drei Könige, *Los Reyes Magos*), März/April (Karfreitag, Ostern/*Viernes Santo, Pascua*), 1. Mai (Tag der Arbeit/*Día del Trabajo*), Mai/Juni (Fronleichnam/*Corpus Cristi*), 15. August (Mariä Himmelfahrt/*Asunción*), 12. Oktober (Nationalfeiertag/*Día de la Hispanidad*), 1.November (Allerheiligen/*Todos los Santos*), 6. Dezember (Tag der Verfassung/*Día de la*

Constitución), 8. Dezember (Mariä Empfängnis/*Concepción Immaculada*), 25. Dezember (Weihnachten/*Navidad*)

Festivals und Events

Januar

Eivissa (5.1.): Am Vorabend des *Dreikönigstages* finden Umzüge der Heiligen Drei Könige statt, die den Kindern Geschenke bringen.

Eivissa (6.1.): *Concierto de Año Nuevo*, mit klassischer Musik, gespielt vom städtischen Orchester.

Sant Antoni (17.1.): *Patronatsfest* zu Ehren des hl. Antonius.

Santa Agnès (21.1.): *Patronatsfest* zu Ehren der hl. Agnes.

Februar

Eivissa (1. Hälfte): *Maskenwerkstatt* auf dem Passeig Vara de Rey, Anfertigung von Karnevalsmasken nach Anleitung einheimischer Künstler.

Eivissa, Sant Antoni und Santa Eulària des Riu: *Karnevalsumzüge.*

Santa Eulària des Riu (12.2.): *Patronatsfest*, anschließend findet das zweiwöchige **Primavera-Festival** statt mit kulturellen Veranstaltungen. Volkstanzgruppen treten auf, es wird gesungen, und Wettbewerbe um die schönsten traditionellen Kostüme der Teilnehmer werden veranstaltet. An Ständen erhält man Rotwein und leckere Tapas.

März

Sant Josep (19.3.): *Patronatsfest* zu Ehren von San José, gleichzeitig Vatertag in Spanien.

März/April

Während der *Semana Santa*, der ›heiligen Woche‹ vor **Ostern**, und in der Woche danach finden vielerorts religiöse Feierlichkeiten statt.

Eivissa (Osterwoche, *Semana Santa*): Höhepunkt der österlichen Festwoche ist die **Karfreitagsprozession**, an der vermummte Angehörige von christlichen Bruderschaften (*Cofradías*) teilnehmen. Die Kapuzenmänner tragen eine große Christusfigur durch die Straßen. An zahlreichen Ständen auf der Promenade Vara de Rey werden Kunsthandwerksartikel von den besten Kunsthandwerkern Ibizas verkauft.

Köstlich: das typisch ibizenkische Eintopfgericht Sofrit Pagès und dazu ein Glas Rotwein

April

Sant Vicenç de sa Cala (5.4.): *Patronatsfest.*

Eivissa (23.4.): *Tag des Buches*, mit Ausstellungen und Lesungen.

Sant Jordi de Ses Salines (23.4.): *Patronatsfest* zu Ehren des hl. Georg (*San Jorge*), des Drachentöters.

Mai

Santa Eulària des Riu (1. Sonntag im Monat): *Festes de Maig*, Mai- und Blumenfest, Umzug mit blumengeschmückten Kutschen.

Sant Francesc de Formentera (30.5.): *Folklorefest* zu Ehren des Schutzpatrons San Francisco de Javier.

Eivissa: Mittelalterfest (Feria Medieval) in Dalt Vila mit Gauklern, Tänzen und vielen Verkaufsstände. Findet meist am zweiten Mai-Wochenende statt.

Juni

Eivissa (2. Woche): *Semana de la Moda*, viel beachtete Adlib-Modewoche mit zahlreichen Modenschauen.

Eivissa (23./24.6.): *Festes de Sant Joan*, Patronatsfest und Feier der Johannisnacht, mit Folkloreprogramm und Kunsthandwerksmesse *Plaça d'Art. Johannisfeuer* in den Dörfern.

Sant Joan de Labritja (24.6.): *Patronatsfest* zu Ehren des San Juan mit Folkloredarbietungen.

Juli

Eivissa (10.7.): *Patronatsfest* für Sant Cristòfol.

Eivissa und Sant Antoni (16.7.): Meeresprozession und Hafenfest aus Anlass des

Speisekarte der Balearen

Als **Vorspeise** (Entrada) kommt oft ein gemischter Salat (*Ensalada mixta*) oder eine Suppe *(Sopa)* auf den Tisch. Die kalte Gemüsesuppe heißt *Gazpacho* und enthält neben den obligatorischen Tomaten, Zwiebeln und Knoblauch auch Paprika. Typisch sind zudem die beliebten **Tapas** in handlichen kleinen Portionen: gebratene Fischstückchen, würzige Fleischhäppchen, eingelegte Sardinen, Gemüse in Öl und natürlich immer Oliven und *Aioli* (Knoblauchpaste). Auch in den Bars werden Tapas als Beilage zu den Getränken gereicht. Früher waren die Leckerbissen gratis, heute haben sie ihren Preis. Als Vorspeise oder Imbiss sind auch *Tortilla española* (Kartoffelomelett) und *Ensaladilla rusa* (Kartoffelsalat) im Angebot.

Als **Hauptgericht** kommt z.B. eines der schmackhaften ibizenkischen Eintopfgerichte auf den Tisch. Grundlage ist immer eine Mischung aus Tomaten, Zwiebeln, Bohnen, Kartoffeln, Knoblauch und Paprika, die in Olivenöl angebraten und mit Kräutern oder Lorbeer verfeinert wird. Dieser köstlichen Gemüsesuppe, **Sofrit** genannt, wird häufig Schweine-, Hühner- oder Lammfleisch hinzugefügt. Dann wird sie als Bauerneintopf, *Sofrit Pagès*, serviert. Wunderbar schmecken auch der Fischeintopf, *Guisat de Peix*, oder die Fischsuppe, *Bullit de Peix*, auf Sofrit-Basis. Der vegetarische *Cuinat* aus Bohnen, Erbsen und Mangold gilt in der Fastenzeit als besondere Delikatesse.

Auch **Paella** ist auf den Balearen weit verbreitet und enthält hier besonders viele Meeresfrüchte. Zum *Arroz marinera* beispielsweise gehören immer Muscheln, Krabben, Langusten, aber auch diverse Fleischsorten sind Bestandteil des beliebten Reisgerichts.

Pilz- und Spargelgerichte sowie *Guisat de Caragols*, Schnecken in würziger Soße, gibt es nur im Winter.

Fisch, vor allem Seezunge und Rochen, gibt es gegrillt (*a la parilla* oder *a la plancha*) oder gebraten (*frito*). Er wird von ganz unterschiedlichen Soßen begleitet, z.B. von Mandelsauce (*Burrida de Ratjada*).

Schweinefleisch spielt seit jeher in der Balearenküche eine herausragende Rolle. Die Vielfalt an Schinken und Würsten ist entsprechend groß. Ende November feiert man auf den Inseln traditionell Matança (Schlachtfest), zu der Familien und Freunde zusammenkommen und den Tag mit einer großen *Frita de Matances* (Schlachtpfanne) beenden. Auch eine *Sobrassada*, eine Wurst aus Schweinefleisch und Paprika, oder *Butifarra* (Blutwurst) sollte man unbedingt einmal probiert haben.

Die verschiedenen köstlichen **Käsesorten** kommen vom spanischen Festland. Der milde *Queso de Serena* stammt aus Estremadura und zeigt in seiner Rinde den Abdruck von Espartogras. Der Cabrales ist ein Schimmelkäse aus Asturien und wird, nachdem er in Kalksteinhöhlen gereift ist, in Platanenblätter eingepackt. Leicht geräuchert ist der sahnige San Simon aus Galicien. Der *Queso de Nata* aus Kantabrien ist recht fetthaltig und daher besonders schmackhaft. Der *Queso de Manchego* stammt aus Murcia und schmeckt recht würzig. Der Schafskäse *Idiazabal* ist leicht geräuchert und im Baskenland heimisch. Zahlreiche weitere Schafskäsesorten, weich und oft zerlaufen, werden als *Torta* angeboten.

Zu den auf Ibiza und Formentera beliebten süßen **Nachspeisen** zählen *Ensaimadas*, ein Spritzgebäck, *Greixonera*, ein Pudding aus diesem Gebäck, *Macarrons de Sant Joan*, in Milch und Zucker gekochte und mit Zimt gewürzte Makkaroni, *und Flaó*, eine Art Pastete mit Schafskäse, Minze, Ei und braunem Zuckerguss.

Zum Essen trinkt man vor allem trockenen (roten) **Landwein**, *Vino pagès* oder *Vino tinto*, der häufig vom spanischen Festland stammt. Auch **Bier** (*Cerveza*) wird von dort importiert und braucht den Vergleich mit renommierten europäischen Sorten nicht zu scheuen. Eine Spezialität ist **Sangria**, Rotwein mit Brandy, Orangen- und Zitronensaft sowie Mineralwasser.

Und auch **Schnäpse** und **Liköre** wie *Mari*, *Hierbas Ibicencas*, *Frigola* erfreuen sich großer Beliebtheit. Eine Delikatesse ist das Bittermandelgetränk *Horchata*. Außerdem wird natürlich Mineralwasser, *Agua mineral con gas* (mit Kohlensäure) oder *sin gas* (ohne Kohlensäure), getrunken.

Festes der *Virgen del Carmen*, der Schutzpatronin der Seeleute und Fischer. Die Atmosphäre ist lebhaft, ja überschäumend. Man genehmigt sich ein Gläschen mehr als üblich, tanzt auf den Straßen und genießt das abschließende Feuerwerk.

Sant Francesc de Formentera (25.7.): *Folklorefest*.

August

Eivissa (5.8.): *Santa Maria des les Neus, Nuestra Señora de las Nieves*, Unsere liebe Frau vom Schnee, größtes Fest zu Ehren der Schutzheiligen der Kathedrale von Eivissa; Folklore und Feuerwerk.

Eivissa und Rest der Insel (8.8.): *Día de la Reconquista*, volksfestartig begangener Tag der christlichen Wiedereroberung Ibizas.

Sant Antoni de Portmany (24.8.): *Patronatsfest* mit Jahrmarkt und Feuerwerk.

Sant Joan (29.8.): *Patronatsfest*.

September

Ibiza: In vielen Dörfern finden *Brunnenteste* statt, bei denen man früher vermutlich um Regen bat.

Sant Mateu (21.9.): *Patronatsfest*.

Sant Miquel (29.9.): *Volksfest*.

Oktober

Sant Joan (1. Sonntag im Monat): *Volksfest* mit Tänzen.

Sant Rafel (24.10.): *Patronatsfest*.

November

Sant Carles (4.11.): *Patronatsfest*.

Santa Gertrudis (16.11.): *Patronatsfest*.

Eivissa: Während der *Semana Internacional del Cine*, der internationalen Filmwoche, werden in den Kinos Filme namhafter Regisseure gezeigt.

Dezember

Sant Mateu (1. Woche des Monats): *Weinfest* mit neuem Wein.

Sant Francesc de Formentera (3.12.): *Folklorefest*.

Ibiza (8.12.): *Día de la Inmaculada Concepción*, Mariä Empfängnis. Hl. Messen und Gedenkfeste überall auf der Insel.

La Mola, Formentera (12.12.): *Nuestra Señora del Pilar*, Folklorefest.

Eivissa (ab Mitte des Monats): Rund um Passeig Vara de Rey und Plaça del Parque gibt es Kinderworkshops, Spiele und Aktivitäten zu unterschiedlichen Themen wie Tourismus, Umweltschutz und Meeresbewohner.

Internet

Freie Liebe war früher – heute ist Ibiza die Insel des freien Netzes. Fast keine Netzverbindung ist geschützt, überall kann man mit Laptop oder Smartphone einfach lossurfen. WLAN – oder Wifi, wie es in Spanien heißt – funktioniert allerdings nur auf Ibiza wirklich gut. Auf dem benachbarten Formentera sind die Verbindungen alles andere als schnell.

Klima und Reisezeit

Ibiza und Formentera sind mit rund 300 Sonnentagen pro Jahr wahre Urlaubsparadiese. Von April bis Oktober liegen die durchschnittlichen Tagestemperaturen bei 16 °C bis 21 °C, im Juli/August zeigt das Thermometer einen Durchschnitt von 26/28 °C an, manchmal aber auch 35 °C. Januar und Februar sind mit 13 °C Durchschnittstemperatur die kühlsten Monate. Die höchsten Niederschläge werden im November verzeichnet, regnen kann es von Oktober bis April. Die Wassertemperatur liegt im August bei 25 °C, die **Badesaison** beginnt im Juni und endet im Oktober. **Hauptsaison** ist von Mai bis September. Es empfiehlt sich, die Monate Juli/August zu meiden, da es dann sehr heiß und voll auf den Inseln ist. Die **beste Reisezeit** sind die Monate Mai/Juni und September, aber auch im April und Oktober ist es meist angenehm warm, nur muss man sich dann mit einer leichten Jacke gegen den Nordwind schützen.

Klimadaten Ibiza

Monat	Luft (°C) min./max.	Wasser (°C)	Sonnen- std./Tag	Regen- tage
Januar	8/15	13	5	7
Februar	7/15	14	6	7
März	9/17	14	7	8
April	11/19	15	8	8
Mai	14/22	17	9	3
Juni	18/25	21	11	3
Juli	21/28	24	12	1
August	22/29	25	12	1
September	20/27	24	8	3
Oktober	16/23	21	7	8
November	12/19	18	6	9
Dezember	9/16	15	5	8

Nachtleben

Das Angebot an Diskotheken, Bars und Nachtclubs (s.a. Praktische Hinweise im Haupttext) ist mit fast 500 Etablissements riesengroß und äußerst vielfältig. Abgetanzt wird von spätnachts bis in den nächsten Tag hinein. Tatsächlich kommt ein großer Teil der Besucher allein wegen des legendären Nachtlebens nach Ibiza. Megadiskotheken (für bis zu 10 000 Personen) sind sehr beliebt und sehr teuer.

Bars

Vor dem Diskothekenbesuch kann man sich die Zeit in diversen Bars vertreiben, vor allem im Vergnügungsviertel von **Eivissa**, in La Marina und Sa Penya. Besonders beliebt sind das Dôme, Carrer Alfonso XII, The Rock Bar, Carrer Garijo 15, sowie das Incognito, Carrer Santa Lucia 47.

Diskotheken

Die Saison reicht von Mai bis Oktober, im Winter sind die meisten Clubs geschlossen. Die Eintrittspreise liegen zwischen 30 und 60 €, doch werden bei Ankunft im Flughafen, in Eivissa und seinen umliegenden Stränden häufig Gutscheine für ermäßigten oder kostenlosen Eintritt verteilt.

TOP TIPP **Amnesia**, Ctra. Sant Antoni, km 5, Sant Rafel, Tel. 971 19 80 41, www. amnesia.es, tgl. ab 22 Uhr. Trance und Mainstream auf zwei Dancefloors. Außergewöhnlich: die Foam-Partys mit

Nach Sonnenuntergang stehen Pubs bei den Urlaubern hoch im Kurs

Resident DJs, in denen riesige Mengen Schaum von oben auf die Tanzfläche gesprüht werden.

Bora Bora, Platja d'en Bossa bei Eivissa, www.boraboraibiza.net. Legendärer Beach-Club, ab 16 Uhr House-Musik am Strand, dazu Pizza, Sandwiches, Paella.

Edén, Calle Salvador Espriu, Sant Antoni, Tel. 971 34 02 12, www.edenibiza.com, tgl. ab 23 Uhr. Zwei Dancefloors, mehrere Bars, ein Chill-Out-Bereich und ein VIP-Room, dazu Dancemusic mit Schwerpunkt House und Trance.

Es Paradis, Calle Salvador Espriu 2, Sant Antoni, Tel. 971 34 66 00, www.esparadis. com, tgl. ab 22 Uhr. Erkennbar am Pyramidendach, Treffpunkt der Briten.

TOP TIPP **Pacha**, Passeig Perimetral, Eivissa, Tel. 971 31 36 00, www.pacha.com, tgl. ab 22 Uhr, im Winter nur Fr/Sa, Hochbetrieb ab 2 Uhr. Berühmter Club mit mehreren Floors, eine Institution auf der Insel seit 1973. Markenzeichen sind die zwei roten Kirschen, die einen schon am Flughafen begrüßen.

Privilege, Ctra. a Sant Antoni km 7, Sant Rafel, Tel. 971 19 81 60, www.privilegeibiza. com. Größer geht's nicht: Bis zu 10 000 Menschen feiern hier jeden Wochentag zu einer anderen Party. Die ganz wilde Zeit, als in Performances noch freie Liebe stattfand, ist allerdings vorbei.

TOP TIPP **Space**, Platja d'en Bossa, bei Eivissa, Tel. 971 39 67 93, www.spaceibiza. com, tgl. ab 22 Uhr. Disco für Unermüdliche. Besondere Dröhnung: auf dem Dach tanzen, während einem ein landender Jet über den Kopf donnert.

 Sport

Golf

Einputten mit schönem Meerblick kann man auf dem ganzjährig geöffneten Golfplatz von Roca Llisa in der Nähe von Eivissa, dem einzigen auf der Insel:

Club de Golf Ibiza, Ctra. de Jesús a Cala Llonga, Tel. 971 19 61 18, www.golfibiza. com. Schön gelegener Platz mit 9 und 18 Löchern, Par 71, Driving Range, Pro Shop.

Paragliding

Water Sports Boca Rio - Centro Deportivo Naútico, Boca Río, Santa Eulària, Tel. 971 33 00 44, www.watersportsbocario.net

Radfahren

Nur wenige wissen, dass auf Ibiza 21 neue, wunderschöne Radwege ausgewiesen sind. Vor allem im Frühjahr und im Herbst ist es herrlich, die Insel auf zwei Rädern zu erkunden. Die nötige Ausrüstung erhält man oft vom eigenen Hotel. Teils werden die Räder gratis zur Verfügung gestellt. Karten mit den Radtouren gibt es in jeder Touristeninformation und zum Download: www.illesbalears.es.

Reiten und Trabrennen

Empfehlenswerte Adressen für begleitete Ausritte:

North Ride Ibiza, Ctra. San Joan-Portinatx, Tel. 669 60 40 83, www.northride-ibiza.com

Easy Rider, Camino Camping, Cala Llonga, Tel. 971 14 65 11

Trabrennsport ist auf Ibiza sehr beliebt, Trabrennbahnen (*Hipódromo*) gibt es in Sant Jordi, Tel. 971 39 66 69 (Rennen jeden So), und Sant Rafel, Tel. 971 19 85 61 (Rennen jeden 2. So).

Segeln und Surfen

Auf Ibiza gibt es fünf **Jachtclubs** mit fast 2000 Liegeplätzen. Segelboote und -unterricht werden an mehreren größeren Stränden angeboten sowie in Eivissa, Santa Eulària, Sant Antoni und La Mola auf Formentera. Segel- (und Motor-) Boote mit/ohne Kapitän vermieten in Eivissa in der Marina Botafoch, www.marinabotafoch.com, zum Beispiel:

Ibiza Sea Charter, Tel. 971 19 01 40, www.ibizaseacharter.com

Windrose, Tel. 971 31 13 06

Bougainvillea-Violett – farbenfrohes Entreé für Roca Llisa, den einzigen Golfplatz Ibizas

Surfschulen gibt es an den Stränden Platja d'en Bossa, Caló des Moro in Sant Antoni, Talamanca und Cala Vadella. An vielen weiteren Stränden kann man Surfbretter ausleihen.

Strände

Die Kulisse ist ein Traum, das Wasser perfekt: In über 50 Buchten bietet **Ibiza** fast 20 Kilometer Strand. Wahre Bilderbuchplätze liegen im Osten und Westen der Insel. Ein Paradies sind die Cala Comte (Westen) und die S´Aigua Blanca (Osten). Einziger Wermutstropfen: beide sind häufig überlaufen. Stiller, naturnaher und reizvoll für Schnorchler sind die Calas im Norden – allerdings auch kleiner, felsiger und unzugänglicher. Ein besonderer Ort ist hier die Cala d´es Xuclà. Die schwer zu erreichende Bucht ist ein Liebling der Ibiza-Kenner, die sich hier mit Handtüchern und Schnorchel auf den Felsen vor den Bootshäuschen niederlassen. Am meisten los ist an den Stränden im Süden. Hier tobt sich die Kultur der Beach-Clubs aus, für die Ibiza mittlerweile berühmt ist. Einer dieser Hot-Spots ist die Platja d´es Cavellet. Herrlich: die Tage hier auf Day-Lounge-Betten, mit frischen

Freunde des Trabrennsports sind auf Ibiza an der richtigen Adresse

Fantastisch viel Fun verspricht eine Runde mit dem Wasserbike

Säften und DJ-Musik verbringen. Noch mehr Beach-Clubs hat die Platja de Ses Salinas um die Ecke zu bieten.

Karibik im Mittelmeer: **Formenteras** Strände sind hell und feinkörnig, sie erstrecken sich rund um die Insel, nur unterbrochen durch die Steilküsten von La Mola und das Cap Barbària. Zum Strand der Schönen und Reichen hat sich die Platja de Ses Illetes im Norden der Insel entwickelt, wo sich eine Luxusjacht an die nächste reiht. Nirgends ist das Wasser so türkis wie hier! Herrlich relaxt geht es an der beliebten Platja de Migjorn zu, wo vom Hippiestrand bis zur Robinson-Crusoe-Strandbude alles zu finden ist, was den Charme der Insel ausmacht.

An den größeren Stränden kann man Boote oder Surfbretter leihen. FKK-Strände sind Ibizas Platja des Cavallet (Szenetreff und bevorzugt von Homosexuellen) sowie Ses Illetes auf Formentera.

Tauchen

Die **Tauchplätze** an der *Ostküste* von Ibiza sind ausgezeichnete, das vor der Strömung und dem meist aus Norden wehenden Wind geschützt. In Tiefen bis zu 40 m und in klarem Wasser kann man hier Riffe, Höhlen, Steilwände und Wracks erforschen. Weitere gute Tauchgründe bei *Espardell, La Mola, Formentera* und um die Felseninsel *Es Vedrà*, Tauchzentren in *Eivissa, Sant Antoni, Cala Vadella, Portinatx, Santa Eulalia* und *Port de Sant Miquel*.

Club La Mola, RIU Club Hotel La Mola, Platja Migjorn, Formentera,

Tel. 971 32 72 75, www.tauchen-lamola.de. Empfehlenswerte (auch deutschsprachige) Tauchbasis.

Diving Center Cala Pada, Cala Pada (3 km nordöstlich von Santa Eulària), Tel. 971 33 07 55, www.diving-ibiza.com

Policlínica Nuestra Señora del Rosario, Via Romana, Eivissa, Tel. 971 30 19 16. Ganzjährig zur Verfügung stehende Druckausgleichkammer.

Tennis

Alle größeren Hotels besitzen in der Regel Tennisplätze. Darüber hinaus gibt es in Eivissa, Sant Antoni und Santa Eulària Tennisclubs mit Tennisplätzen, über die man bei den lokalen Touristenbüros Auskunft erhält.

Wandern

Auf Ibiza führen Wanderrouten durch landschaftlich reizvolle Regionen. Sie sind nicht allzu schwierig, verlangen aber Orientierungssinn. Auf Markierungen kann man sich nur bedingt verlassen, denn es existiert ein Sammelsurium von Zeichen: rote Punkte der Ibizenkos, farbige Pfähle für Mountainbiker und einen Falkenwanderweg *(ruta de falco)*, dessen Zeichen oft überholt sind. Am häufigsten – und zuverlässigsten – sind die blauen Pfeile. Leider sind diese nicht immer auf Anhieb zu erkennen und manchmal von der Vegetation überwuchert. Was man außerdem beachten sollte: Ibizas Wanderwege sind immer noch wenig erschlossen. Sie führen fast ausschließlich über privaten Grund und Boden. Und die Grundbesitzer sehen es nicht gern, wenn ihre Pfade freigeschlagen und mit Wegweisern markiert werden. Mehr Informationen s. S. 48.

Statistik

Lage: Ibiza liegt im westlichen Mittelmeer, rund 250 km vom nordafrikanischen und 80 km vom spanischen Festland entfernt. Die Insel ist ca. 40 km lang, 20 km breit und umfasst 541 km², die Küstenlänge beträgt 210 km. Das nördliche Gebirge von Sant Joan erreicht 410 m Höhe, das südliche, Sa Talaiassa, 475 m.

Formentera ist 82 km² groß und liegt etwa 20 km südöstlich von Ibiza; die Küste umfasst 60 km. Die Südspitze ist 220 km von der algerischen Küste entfernt. Die Insel misst an den längsten Stellen von West nach Ost 23 km und von Nord nach Süd 17 km. Zwei Erhebungen, La Mola (192 m) im Osten und Puig Guillén (107 m) im Westen, sind durch eine 2 km breite und 7 km lange Landzunge verbunden.

Bevölkerung: Fast die Hälfte der Einwohner **Ibizas** stammt vom spanischen Festland. Zu den gut 100 000 Ibizenkos gesellen sich rund 26 000 Residenten, darunter 4000 Deutsche. Im Sommer halten sich Saisonarbeitern auf der Insel auf, welche die Touristen (im Wesentlichen Briten und Deutsche) versorgen.

Auf **Formentera** leben 6000 Einheimische, dazu kommen 1500 ausländische Residenten und im Sommer 2000 Saisonarbeiter für die hauptsächlich deutschen und italienischen Urlaubsgäste. Der überwiegende Teil der Bevölkerung beider Inseln ist römisch-katholisch.

Salzabbau spielt heute in Ibizas Wirtschaft nach wie vor noch eine gewisseRolle

Hauptstadt: Hauptstadt von **Ibiza** ist Eivissa (Ibiza-Stadt) mit rund 50 000 Einwohnern, von **Formentera** ist es Sant Francesc (San Francisco) mit 1100 Einwohnern.

Verwaltung: Die im Mittelmeer liegende Comunidad Autónoma de les Illes Balears wird unterteilt in die Gimnesias (Mallorca, Menorca, Cabrera) und die Pitiusas (Pityusen, Ibiza und Formentera). Im regionalen Parlament verfügen Ibiza und Formentera über 13 von insgesamt 59 Sitzen.

Die balearische Regierung in Palma de Mallorca (*Govern Balear*) ist weitgehend autonom und hat Zuständigkeiten an den Inselrat von Ibiza (*Consell Insular*) übertragen. Ibiza ist in fünf Gemeinden (Verwaltungsbezirke) unterteilt.

Wirtschaft: Die Wirtschaft der Pityusen basiert auf dem Tourismus. Aber mit etwa 1,5 Mio. Urlaubern pro Jahr, davon 150 000 auf Formentera, ist die Grenze der Belastbarkeit (Hotelbetten, Trinkwasser etc.) erreicht. Der Anteil des britischen Billigtourismus ist am größten, während nur 30 000 Touristen die Inseln per Jacht ansteuerten, jedoch dreimal soviel Devisen pro Tag zurückließen wie die übrigen Besucher.

Andere Wirtschaftszweige sind gegenüber dem Tourismus fast ohne Bedeutung. Allenfalls das Bauwesen ist noch in nennenswertem Umfang beteiligt. Die Produktion der Landwirtschaft ist seit Jahren rückläufig. Daher müssen Lebensmittel für Einheimische und Touristen importiert werden.

Unterkunft

Auf Ibiza gibt es rund 300 Hotels mit 50 000 Betten und 240 Apartmenthäuser mit 22 000 Betten. Im Trend liegt außerdem ›Country-Tourismus‹ mit herausragend schönen Landhotels, die meist zur Hochpreiskategorie zählen. Wer individual reist, sollte sich seinen Urlaubswohnort vorab genau anschauen: Während auf Formentera die kleinen, angenehmen Hotels und Herbergen dominieren, findet man auf Ibiza noch einige hässliche Hotelbausünden. In der Hauptsaison, Ostern und in den Sommerferien, empfiehlt es sich, im Voraus zu buchen. In der Nebensaison sind viele Hotels geschlossen! Ein Verzeichnis der Unterkünfte gibt es in den Tourismusbüros der Inseln, die jeweils unter *Praktische Hinweise* im Haupttext aufgeführt sind.

Apartments

Hotel Apartamentos (HA), Ferienwohnungen, bieten die Möglichkeit der Selbstversorgung. In einer *Residencia Apartamentos* (RA) gibt es auch ein Restaurant.

Camping

Auf Ibiza gibt es mehrere Campingplätze, u.a. an der Cala Bassa, bei Santa Eulària und in Sant Antoni. Die Plätze sind nach Komfortstufen I–III eingeteilt. Auf Formentera gibt es keinen Campingplatz. Zelten ist nicht gestattet.

Eine Auswahl geprüfter Plätze bieten die ADAC Campingführer und ADAC Stellplatzführer (adac.de/campingfuehrer). Die Inhalte gibt es auch als App für iPhone, iPad und Android.

Fincas

Die Bandbreite reicht vom einfachen Bauernhaus mit einem Schlafzimmer bis zum großen luxuriösen Anwesen mit eigenem Pool. Da Fincas als Feriendomizile sehr gefragt sind, muss man rechtzeitig reservieren, zum Beispiel bei:

Villa Rental Ibiza, Can Toni den Real, Sant Josep, Tel. 971 80 02 94, www.villarentalibiza.com

Hostales, Pensiones, Fondas

Hostales (HS) und *Pensiones* (P) werden nach ihrem Standard mit 1 bis 3 Sternen kategorisiert. Noch günstiger für Reisende mit schmalem Budget sind *Fondas* (F), einfache Herbergen ohne jeglichen Komfort, und Privatunterkünfte, kenntlich an den Schildern *Camas* (Betten) oder *Habitaciones* (Zimmer).

Hotels

Je nach Komfort und Ausstattung sind die Hotels (H) von 1 bis 5 Sternen gekennzeichnet. Häuser mit herausragendem Komfort sind mit GL für *Gran Lujo* (Großer Luxus) verzeichnet. Jedes Hotel der offiziellen Klassifizierung bietet auf Wunsch auch Vollpension, oft ist sie sogar fest mit dem Zimmerpreis gekoppelt. Ein *Hotel Residencia* (HR) ist für mehrtägige Aufenthalte mit Halbpension gedacht.

Auf Ibiza gibt es keine zentrale Hotelvermittlung. Eine Liste seiner Mitgliederhotels versendet der:

Hotelierverband von Ibiza, Historiador José Clapés 4, Eivissa, Tel. 971 30 46 43, www.ibizahotelsguide.com

Internetbuchung ist hier möglich, ebenso auf der Seite: www.ibiza-hotels.com

Verkehrsmittel im Land

Bus

Auf **Ibiza** verkehren Busse (*Autocars*) zwischen allen Hauptorten und -stränden. Zwischen Eivissa und Sant Antoni sowie zwischen Eivissa und Santa Eulària fahren sie besonders häufig: 7–23 Uhr halbstündlich, nachts stündlich, auch an Sonn- und Feiertagen. Die Linien-Fahr-

Relativ günstigen Urlaub kann man in den Hotelburgen der Platja d'en Bossa machen

Eine Oase der Ruhe: Der Pool der Öko-Finca Can Martí im Inselnorden ist bereit für die Gäste

pläne erhält man in den Touristeninformationen.

Auf **Formentera** fährt ein öffentlicher Bus In unregelmäßlgen Abständen über die Insel, auch zu den Buchten Cala Saona und Ca Mari.

An den Bussen, die übrigens nicht mit unbekleidetem Oberkörper betreten werden dürfen, ist das Fahrtziel gekennzeichnet. Bezahlt wird bar beim Fahrer.

Fähren

Von Ibiza verkehrt stündlich eine Personen- und 3–5 Mal tgl. eine Autofähre nach Formentera [s. S. 108, Balearia, Trasmediterranea, Mediterranes Pitiusa].

Das Taxi vom Flughafen Ibiza zum 6 km entfernten Fähranleger (Estación Marítima, Passeig Marítim und Plaza de Antoni Riquer, Eivissa) braucht 15 Min. Stündlich fährt auch ein Bus dieselbe Strecke.

Mietwagen

ADAC Mitglieder können über die Geschäftsstellen oder die ADAC Autovermietung (Tel. 089 76 76 20 99) buchen. Alle renommierten internationalen Mietwagenfirmen sind mit Filialen am Flughafen vertreten.

Wer sein Fahrzeug auf Ibiza mietet, muss man mit mindestens 300 € pro Woche (inkl. Kilometer, ohne Versicherung) für die kleinste Wagenklasse rechnen.

Öffnungszeiten der Tankstellen: Mo–Sa 7–21 Uhr

Parken ist in den drei größeren Orten Eivissa, Sant Antoni und Santa Eulària nicht gerade einfach. Die Policía Municipal lässt sehr schnell abschleppen und verlangt zusätzlich hohe Bußgelder.

Eine Autovermietung der anderen Art ist Ducks United: Hier gibt es generalüberholte 2CVs zu mieten, besser bekannt als Ente. Mit dem Auto der Hippiegeneration mietet man nicht nur ein Lebensgefühl, sondern auch einen Car-Service: Ducks United bringt die Ente nach einer rauschenden Nacht auf Wunsch auch wieder nach Hause.

Ducks United, Carrer Rio de la plata 4, Can Bofill, Eivissa, Tel. 689 10 40 62, www.ducksunited.com

Roller

Auf Formentera sind sie Kult: Roller. Rund um den Hafen gibt es zahlreiche Verleiher für Vespa und Co.. Wer einen Motorroller bis zu 125 ccm ausleihen möchte, braucht dafür lediglich einen Führerschein Klasse 3.

Taxi

Taxis besitzen einen Taxameter, die Tarife sind festgelegt und jeder Fahrer muss eine Preisliste mitführen. An Taxistandplätzen informieren Tafeln über die Tarife. Es gibt vier Taxi-Rufnummern: Santa Eularia 971 33 33 33, Sant Antoni 971 34 37 64, Eivissa 971 39 84 83, San Jose/Flughafen 971 80 00 80. Bei vier Personen ist der Preis nicht höher als der Busfahrschein.

Sprachführer
Spanisch und Katalanisch für die Reise

	Spanisch (Kastilisch)	Katalanisch

◼ Das Wichtigste in Kürze

	Spanisch (Kastilisch)	Katalanisch
Ja/Nein	*sí/no*	*sí/no*
Bitte/Danke	*por favor/gracias*	*si us plau/gràcies*
Entschuldigung!	*¡perdón!/¡perdone!*	*disculpi!/disculpa!*
Können Sie mir bitte helfen?	*¿Puede ayudarme, por favor?*	*Pot ajudar-me, si us pla*
Das gefällt mir (nicht).	*(No) Me gusta.*	*(No) M'agrada.*
Ich möchte …	*Quisiera …*	*Voldria …*
Haben Sie …?	*¿Tiene usted …?*	*Té …?*
Wie viel kostet das?	*¿Cuánto cuesta?*	*Quant és?*
Kann ich mit Kreditkarte bezahlen?	*¿Puedo pagar con la tarjeta de crédito?*	*Puc pagar amb targeta de crèdit?*
Wie viel Uhr ist es?	*¿Qué hora es?*	*Quina hora és?*
Guten Morgen!/Guten Tag!	*¡Buenos días!*	*Bon dia!*
Guten Abend!/Gute Nacht!	*¡Buenas tardes!/¡Buenas noches!*	*Bona tarda!/Bona nit!*
Hallo!/Grüß dich!	*¡Hola!/¿Qué tal?*	*Hola/Què hi ha?*
Wie ist Ihr Name, bitte?	*¿Cómo se llama usted, por favor?*	*Com es diu, si us plau?*

◼ Wochentage

Montag	*lunes*	*dilluns*
Dienstag	*martes*	*dimarts*
Mittwoch	*miércoles*	*dimecres*
Donnerstag	*jueves*	*dijous*
Freitag	*viernes*	*divendres*
Samstag	*sábado*	*disabte*
Sonntag	*domingo*	*diumenge*

◼ Monate

Januar	*enero*	*gener*
Februar	*febrero*	*febrer*
März	*marzo*	*març*
April	*abril*	*april*
Mai	*mayo*	*maig*
Juni	*junio*	*juny*
Juli	*julio*	*juliol*
August	*agosto*	*agost*
September	*septiembre*	*setembre*
Oktober	*octubre*	*octubre*
November	*noviembre*	*novembre*
Dezember	*diciembre*	*desembre*

◼ Zahlen

	Spanisch	Katalanisch		Spanisch	Katalanisch
0	*cero*	*zero*	30	*treinta*	*trenta*
1	*uno*	*un/una*	40	*cuarenta*	*quaranta*
2	*dos*	*dos/dues*	50	*cincuenta*	*cinquanta*
3	*tres*	*tres*	60	*sesenta*	*seixanta*
4	*cuatro*	*quatre*	70	*setenta*	*setanta*
5	*cinco*	*cinc*	80	*ochenta*	*vuitanta*
6	*seis*	*sis*	90	*noventa*	*noranta*
7	*siete*	*set*	100	*cien, ciento*	*cent*
8	*ocho*	*vuit*	101	*ciento uno*	*cent un*
9	*nueve*	*nou*	200	*doscientos, -as*	*dos-cents*
10	*diez*	*deu*	300	*trescientos,-as*	*tres-cents*
11	*once*	*onze*	400	*cuatrocientos,-as*	*quatre-cents*
12	*doce*	*dotze*	500	*quinientos,-as*	*cinc-cents*
13	*trece*	*tretze*	600	*seiscientos,-as*	*sis-cents*
14	*catorce*	*catorze*	700	*setecientos, -as*	*set-cents*
15	*quince*	*quinze*	800	*ochocientos, -as*	*vuit-cents*
16	*diecisésis*	*setze*	900	*novecientos, -as*	*nou-cents*
17	*diecisiete*	*disset*	1000	*mil*	*mil*
18	*dieciocho*	*divuit*	2000	*dos mil*	*dos mil*
19	*diecinueve*	*dinou*	10 000	*diez mil*	*deu mil*
20	*veint*	*vint*	1 000 000	*un millón*	*un milió*
21	*veintiuno, -a*	*vint-i-un*	¼	*un cuarto*	*un quart*
22	*veintidós*	*vint-i-dos*	½	*medio*	*mig*

<table>
<tr><td></td><td>Spanisch (Kastilisch)</td><td>Katalanisch</td></tr>
</table>

	Spanisch (Kastilisch)	Katalanisch
Mein Name ist …	*Me llamo …*	*Em dic …*
Wie geht es Ihnen?	*¿Qué tal está usted?*	*Com està?*
Auf Wiedersehen!/Tschüs!	*¡Adiós!/¡Hasta luego!*	*Adéu-siau!/Adéu!*
Bis morgen!	*¡Hasta mañana!*	*Fins demà!*
gestern/heute/morgen	*ayer/hoy/mañana*	*ahir/avui/demà*
am Vormittag/am Nachmittag	*por la mañana/por la tarde*	*al matí/a la tarda*
am Abend/in der Nacht	*por la tarde/por la noche*	*a la tarda/a la nit*
um 1 Uhr/2 Uhr …	*a la una/a les dos …*	*a la una/a les dos …*
um … Uhr 30	*a la/las … y media*	*dos quarts de …*
Minute(n)/Stunde(n)	*minuto(s)/hora(s)*	*minut(s)/hora (hores)*
Tag(e)/Woche(n)	*día(s)/semana(s)*	*dia (dies)/setmana (setmanes)*
Monat(e)/Jahr(e)	*mes(es)/año(s)*	*mes(os)/any(s)*

Unterwegs

	Spanisch (Kastilisch)	Katalanisch
Nord/Süd/West/Ost	*norte/sur/oeste/este*	*nord/sud/oest/est*
oben/unten	*arriba/abajo*	*amunt/avall*
geöffnet/geschlossen	*abierto/cerrado*	*obert/tancat*
geradeaus/links/ rechts/zurück	*derecho/a la izquierda/ a la derecha/ atrás*	*tot dret/a l'esquerra/ a la dreta/enrera*
nah/weit	*cerca/lejos*	*prop/lluny*
Wie weit ist das?	*¿A qué distancia está?*	*És molt lluny això?*
Wo sind die Toiletten?	*¿Dónde están los aseos?*	*On es el lavabo?*
Wo ist der Flughafen/ der Fährhafen/die Polizei?	*¿Dónde está el aeropuerto/ el puerto/una policía?*	*On és l'aeroport/ el port/una policia?*
Wo finde ich … eine Bäckerei/ ein Lebensmittelgeschäft/ den Markt?	*¿Dónde encuentro una panadería/ un supermercado/ el mercado?*	*On hi ha per aquí … un forn/una fleca un supermercat/ el mercat?*
Ist das der Weg/ die Straße nach …?	*¿Es este el camino/ la carretera a …?*	*És aquest el cami per …/ És aquesta la carretera a ?*
Ich möchte mit … dem Zug/dem Bus/ der Fähre/dem Flugzeug nach … fahren.	*Quisiera ir en … tren/autobús/ ferry/avión a …*	*Voldria anar amb … tren/autobús/autocar/ ferry/avió a …*

Hinweise zur Aussprache – Spanisch und Katalanisch

c	vor ›a, o, u‹ wie ›k‹, z. B.: casa, caja
	vor ›e‹ und ›i‹ ähnlich dem englischen ›th‹, z. B.: gracias, cinc
ch	wie ›tsch‹, z. B.: leche
g	vor ›e‹ und ›i‹ wie ›ch‹, z. B.: gente
gue, gui	wie ›ge, gi‹, z. B.: guiso, pague
h	ist immer stumm
j	wie ›ch‹, z. B.: jamón
ll	zwischen Vokalen wie ›lj‹ z. B.: tortilla, llum
ñ	wie ›nj‹, z. B.: niño
que, qui	wie ›ke, ki‹, z. B.: queso, quiero, porque
s	vor ›b, d, g, l, m, n‹ weiches ›s‹, z. B.: isla, sonst immer scharfes ›s‹
v	wie ›b‹, z. B.: via, vino
z	ähnlich dem englischen ›th‹, z. B.: tenaz

Besonderheiten des Katalanischen

ç	wie scharfes ›s‹, z. B.: França, dolços
g	vor ›e‹ und ›i‹ wie in Garage, z. B.: coratge, ›ig‹ am Wortende wie ›dsch‹, z. B.: puig
j	wie ›g‹ in Garage, z. B.: menjar
ny	wie ›gn‹ in ›Champagner‹, z. B.: Catalunya
s	am Anfang und Ende des Wortes scharfes ›s‹, z. B.: sis, vas, seda
	zwischen zwei Vokalen weiches ›s‹, z. B.: ase
ss	zwischen zwei Vokalen scharfes ›s‹, z. B passa
x	wie ›sch‹, z. B.: caixa
z	wie weiches ›s‹, z. B.: onze, setze

	Spanisch (Kastilisch)	Katalanisch
Ich möchte eine Anzeige erstatten.	*Quisiera hacer una denuncia.*	*Voldria fer una denúncia.*
Man hat mir …	*Me han robado …*	*M'han robat …*
Geld/die Tasche/	*el dinero/el bolso/*	*els diners/la cartera/*
die Papiere/die Schlüssel/	*los documentos/las llaves/*	*la documentació/les claus/*
den Fotoapparat/	*la cámara fotógrafica/*	*l'aparell fotogràfic/*
den Koffer gestohlen.	*la maleta.*	*la maleta.*

▮ Bank, Post Telefon

	Spanisch (Kastilisch)	Katalanisch
Wo ist die (der) nächste …	*¿Dónde está …*	*On hi ha per aquí prop …*
Telefonzelle/	*la cabina telefónica/*	*una cabina telefònica/*
Bank/Post/	*el banco/el correo/*	*un banc/un correu/*
Geldautomat?	*el cajero automático más cerca?*	*un caixer automàtic?*
Brauchen Sie meinen Ausweis?	*¿Necesita mi documento de identidad?*	*Necessita el meu carnet d'identitat?*
Haben Sie …	*¿Tiene Usted …*	*Té targetes …*
Telefonkarten/Briefmarken?	*tarjetas de teléfono/sellos?*	*de telèfon/segells?*

▮ Tankstelle

	Spanisch (Kastilisch)	Katalanisch
Wo ist die nächste Tankstelle?	*¿Dónde está la estación de servicio más cercana?*	*On és la benzinera més propera?*
Ich möchte … Liter …	*Quisiera … litros de …*	*Voldria … litres de …*
Super/Diesel/	*gasolina super/diesel/*	*gasolina/super/diesel/*
bleifrei.	*gasolina sin plomo.*	*sense plom.*
Volltanken, bitte!	*¡Lleno, por favor!*	*Ple, si us plau!*
Bitte prüfen Sie …	*Controle, por favor …*	*Controli, si us plau …*
den Ölstand/	*el nivel del aceite/*	*el nivell de l'oli/*
die Batterie.	*la batería.*	*la bateria.*

▮ Panne

	Spanisch (Kastilisch)	Katalanisch
Ich habe eine Panne.	*Tengo una avería.*	*Tinc una avaria.*
Der Motor startet nicht.	*El motor no arranca.*	*El cotxe no s'engega.*
Ich habe kein Benzin.	*No tengo gasolina.*	*No tinc gasolina.*
Gibt es hier in der Nähe eine Werkstatt?	*¿Hay algún taller por aquí cerca?*	*On hi ha per aqui aprop un taller?*
Können Sie mir einen Abschleppwagen schicken?	*¿Puede enviarme una grua?*	*Pot enviar-me una grua?*
Können Sie den Wagen reparieren?	*¿Puede repara el coche?*	*Pot reparar-me el cotxe?*
Bis wann ist er fertig?	*¿Cuándo estará listo?*	*Quant tardaran a arreglar el cotxe?*

▮ Mietwagen

	Spanisch (Kastilisch)	Katalanisch
Ich möchte ein Auto mieten.	*Quisiera alquilar un coche.*	*Voldria llogar un cotxe.*
Was kostet die Miete …	*¿Cuánto cuesta el alquiler …*	*Quant costa el lloguer …*
pro Tag/pro Woche?	*por día/por semana?*	*per dia/per setmana?*
Wo kann ich den Wagen zurückgeben?	*¿Dónde puedo devolver el coche?*	*On puc tornar el cotxe?*

▮ Unfall

	Spanisch (Kastilisch)	Katalanisch
Hilfe!	*¡Ayuda!/¡Socorro!*	*Ajuda!*
Achtung!/Vorsicht!	*¡Atención!/¡Cuidado!*	*Compte!*
Rufen Sie bitte schnell …	*Por favor, llame en seguida …*	*Truqui, si us plau de pressa …*
einen Krankenwagen/	*una ambulancia/*	*a una ambulància/*
die Polizei/die Feuerwehr.	*a la policía/a los bomberos.*	*a la policia/als bombers.*
Es war (nicht) meine Schuld.	*(No) Ha sido por mi culpa.*	*(No) Ha estat culpa meva.*
Ich brauche die Angaben zu Ihrer Autoversicherung.	*Necesito los datos de su seguro.*	*Necessito les dades de la seva assegurança seguro.*
Geben Sie mir bitte Ihren Namen und Ihre Adresse.	*¿Puede usted darme su nombre y dirección, por favor?*	*Pot donar-me el seu nom i la seva adreça, si us plau?*

◼ Krankheit

Deutsch	Spanisch (Kastilisch)	Katalanisch
Können Sie mir einen Arzt/Zahnarzt empfehlen?	¿Puede recomendarme un médico/dentista?	Pot recomanar-me un metge/un dentista?
Wann hat er Sprechstunde?	¿A qué hora tiene su consulta?	Quines hores visita?
Wo ist die nächste Apotheke?	¿Dónde está la farmacia más próxima?	Hi ha alguna farmàcia prop d'aqui?
Ich brauche ein Mittel gegen …	Necesito un medicamento contra …	Necessito un medicament contra …
Durchfall/Fieber/	la diarrea/la fiebre/	la diarrea/la febre/
Insektenstiche/	las picaduras de insectos/	les picades d'insectes/
Verstopfung/	el estreñimiento/	el restrenyiment/
Zahnschmerzen.	el dolor de muelas.	el mal de queixal.

◼ Hotel

Deutsch	Spanisch (Kastilisch)	Katalanisch
Können Sie mir bitte ein Hotel empfehlen?	¿Podría recomendarme un hotel, por favor?	Pot recomanar-me un hotel, si us plau?
Ich habe bei Ihnen ein Zimmer reserviert.	He reservado aquí una habitación.	Tinc una habitació reservada al seu hotel.
Haben Sie …	¿Tiene usted una …	Té una …
ein Einzel-/Doppelzimmer …	habitación individual/doble …	habitació individual/doble …
für eine Nacht/eine Woche?	para una noche/una semana?	per una nit/una setmana?
Was kostet das Zimmer mit … Frühstück/Halbpension?	¿Cuánto cuesta la habitación con … desayuno/media pensión?	Quant val l'habitació amb … esmorzar/mitja pensió?

◼ Restaurant

Deutsch	Spanisch (Kastilisch)	Katalanisch
Wo gibt es ein gutes, günstiges Restaurant?	¿Dónde hay un buen restaurante económico?	Hi ha algun restaurat bo i econòmic prop d'aquí?
Welches Gericht können Sie besonders empfehlen?	¿Qué plato puede usted recomendarme?	Què em recomana?
Die Speisekarte, bitte.	¡La carta, por favor!	Em pot portar la llista de plats, si us plau?
Die Rechnung, bitte!	¡La cuenta, por favor!	El compte, si us plau!

◼ Essen und Trinken

Deutsch	Spanisch (Kastilisch)	Katalanisch
Apfel	manzana	poma
Aubergine	berenjena	albergínia
Banane	plátano	plàtan
Bier	cerveza	cervesa
Brot/Brötchen	pan/panecillo	pa/panet
Butter	mantequilla	mantega
Ei	huevo	ou
Eintopf	cocido	escudella
Eiscreme	helado	gelat
Espresso	café solo	cafè
Espresso mit etwas Milch	cortado	tallat
Essig	vinagre	vinagrè
Fisch	pescado	peix
Fleisch	carne	carn
Gemüse	verdura	verdura
Huhn	pollo	pollastre
Hummer	bogavante	llamàntol
Kaninchen	conejo	conill
Kartoffeln	patatas	patates
Käse	queso	formatge
Lammfleisch	cordero	xai
Meeresfrüchte	mariscos	marisc
Milch	leche	llet
Milchkaffee	café con leche	cafè amb llet
Nachspeisen	postres	postres
Oliven	aceitunas	olives
Olivenöl	aceite de oliva	oli d'oliva
Orange	naranja	taronja
Pfeffer	pimienta	pebre
Pilze	setas	bolets
Reis	arroz	arròs
Rindfleisch	carne de ternera	carn de vedella
Salat	ensalada	amanida
Salz	sal	sal
Schinken (roh)	jamón serrano	pernil serrà
Schweinefleisch	carne de cerdo	carn de porc
Suppe	sopa	sopa
Vorspeisen	entremeses	entremès
Wassermelone	sandía	sindria
Wein	vino …	vi …
Weiß-/	blanco/	blanc/
Rot-/	tinto/	negre/
Rosé-Wein	rosado	rosat
Weintrauben	uvas	raim
Zucker	azúcar	sucre

Mehr erleben, besser reisen … mit ADAC Reiseführern!

Titel	ADAC Reiseführer	ADAC Reiseführer plus
Ägypten	■	■
Algarve	■	■
Allgäu	■	■
Alpen – Freizeitparadies	■	
Amsterdam	■*	■*
Andalusien	■*	■*
Australien	■	■
Bali & Lombok	■	■
Baltikum	■	■
Barcelona	■*	■*
Bayerischer Wald	■	■
Berlin	■*	■*
Bodensee	■	■
Brandenburg	■	■
Brasilien	■	
Bretagne	■	■
Budapest	■*	■*
Bulgarische Schwarzmeerküste	■	■
Burgund	■	
City Guide Germany	■	
Costa Brava und Costa Daurada	■	
Côte d'Azur	■	■
Dänemark	■	■
Dalmatien	■	■
Deutschland – Die schönsten Autotouren		■
Deutschland – Die schönsten Orte und Regionen	■	■
Deutschland – Die schönsten Städtetouren	■	
Dresden	■*	■*
Dubai, Vereinigte Arab. Emirate, Oman	■	■
Elsass	■*	■*
Emilia Romagna	■*	■*
Florenz	■	■
Florida	■	■
Franz. Atlantikküste	■	■
Fuerteventura	■	■
Gardasee	■	■
Golf von Neapel	■	■
Gran Canaria	■	■
Hamburg	■	■
Harz	■*	■*
Hongkong & Macau	■	
Ibiza & Formentera	■	■
Irland	■	■
Israel	■	■
Istanbul	■	■
Istrien und Kvarner Bucht	■	■
Italien – Die schönsten Orte und Regionen	■	■
Italienische Adria	■	■*
Italienische Riviera	■	■*
Jamaika	■	
Kalifornien	■	■
Kanada – Der Osten	■	■
Kanada – Der Westen	■	■
Karibik	■	■
Kenia	■	■
Korfu & Ionische Inseln	■	■
Kreta	■	■
Kuba	■	■
Kykladen	■	
Lanzarote	■	■
Leipzig	■	■*
Lissabon	■	■*
London	■	■
Madeira	■	■
Mallorca	■	■
Malta	■	■
Marokko	■	■
Mauritius & Rodrigues	■	■
Mecklenburg-Vorpommern	■	■*
München	■	■*
Neuengland	■	■
Neuseeland	■	■
New York	■	■*
Niederlande	■	■
Norwegen	■	■
Oberbayern	■	■
Paris	■	■
Peloponnes	■	
Piemont, Lombardei, Valle d'Aosta	■	■*
Polen	■	■
Portugal	■	■*
Prag	■	■*
Provence	■	■
Rhodos	■	■
Rom	■	■
Rügen, Hiddensee, Stralsund	■	■
Salzburg	■	■*
St. Petersburg	■	■
Sardinien	■	■
Schleswig-Holstein	■	■
Schottland	■	■
Schwarzwald	■	■*
Schweden	■	■
Schweiz	■*	■*
Sizilien	■	■
Spanien	■	■
Südafrika	■	■
Südengland	■	■
Südtirol	■	■*
Sylt	■	■
Teneriffa	■	■
Tessin	■	■
Thailand	■	■
Thüringen	■	■
Toskana	■*	■*
Trentino	■	■
Tunesien	■	■
Türkei – Südküste	■	■
Türkei – Westküste	■	■
Umbrien	■	
Ungarn	■	■
USA – Südstaaten	■	
USA – Südwest	■	■
Usedom	■	■
Venedig	■	■
Wien	■	■*
Zypern	■	■

* mit Reise-Videos oder Audio-Features (abrufbar über QR-Code)

■ **ADAC Reiseführer**
144 bzw. 192 Seiten

■ **ADAC Reiseführer plus** (mit Extraplan)
144 bzw. 192 Seiten

Mehr erleben, besser reisen … mit ADAC Reiseführern!

Stand: 4/2013

A

Adlib-Mode 15, 28, 31, 68 f., 127
Aguamar 36
Alfons XIII. 27, 80
Alomar, José 27
Andress, Ursula 15, 79
Arabí, Antonio Riquer 27
Arquitectura Nova 57 f.

B

Badia de Sant Antoni 87
Balàfia 12, 13, 77 ff.
Bauhaus 48
Bauzá, Julio 53, 88 f.
Bechthold, Erwin 23, 68
Benjamin, Walter 15
Broner, Erwin 58

C

Ca Na Costa (Formentera) 12, 25, 104
Cala Bassa 96
Cala Benirràs 84 f.
Cala Blanca 61
Cala Boix 70 f.
Cala Comte 91, 97
Cala Corral 91
Cala d'en Ferrer 85
Cala d'Hort 45 f.
Cala de Sant Vicenç (Cala de San Vicente) 75 f.
Cala des Cubells 42
Cala Llenya 69 f.
Cala Llonga 60–62
Cala Mastella 70
Cala Molí 46
Cala Pada 69
Cala s'Aubarca 101
Cala Saona (Formentera) 112
Cala Salada 91
Cala Tarida 47 f., 91
Cala Vadella 46 f.
Cala Xarraca 79 f.
Caló des Moltons 85
Caó des Moro 91
Calvi, Giovanni Battista 14, 20, 64
Camí Romá (Formentera) 117
Cap de Barbària (Formentera) 112 f.
Cap de Barbària II 112
Cap de la Mola (Formentera) 119–121
Cap Llentrisca 42
Cap Negret 92
Cap Nonó 98
Carlos III. von Kastilien 14
Clot d'es Llamp 76
Club de Golf Roca Llisa de Ibiza 59 f.

Colegio Alemán (Sant Agustí d'Es Vedrà) 52
Consell Insular 22, 58
Costa, Pep 92 f.
Costa, Tur 23
Cova d'en Xeroni 114
Cova d'es Fum (Formentera) 118
Cova de Can Marçà 84
Cova de Ses Fontanelles 97
Cova des Cuieram 76 f.
Cova Santa 52 f.
Cova Santa Agnès 91

D

Discoszene 15, 36 f., 54
Dritter Punischer Krieg 12, 19

E

Eisenerzverhüttung 41
Eivissa (Ibiza-Stadt) 12, 13, 14, 18–33
  Ajuntament 24
  Almudaina 20
  Baluard de Sant Bernat 20, 25 f.
  Baluard de Sant Joan 20, 22 f.
  Baluard de Santa Llúcia 20, 23 f.
  Carrer de Ponent 24
  Casino de Ibiza 29
  Castillo 20, 25
  Catedral Santa María de las Nieves 25
  Dalt Vila 15, 18, 22–26, 41
  Es Soto Fosc 26
  Far des Botafoch 29 f.
  La Penya 48
  La Ventana 23
  Marina Botafoch 15, 19, 28 f.
  Museu Arqueològic 12, 22, 24 f., 77, 104
  Museu d'Art Contemporani 22 f.
  Museu Monogràfic des Puig des Molins 30
  Obelisco a los Corsarios 27
  Passeig des Moll 26 f.
  Passeig Vara de Rey 27 f.
  Plaça d'Espanya 24
  Plaça dels Desamparats 23
  Port d'Eivissa 22, 26 f.
  Portal de Ses Taules 20, 22, 25
  Puig des Molins 12, 15, 19, 30, 41
  Sa Penya 19, 22, 26–28
  Santo Domingo 24
  Teatro Pereira 27 f.
El Amunts Sud 99
El Fratín 14, 20

El Pilar de la Mola (Formentera) 118 f.
Els Molins 63
Es Caló de Sant Agustí (Formentera) 117 f.
Es Canyar (Es Caná, Es Canar) 68 f.
Es Cubells 42 f.
Es Cuieram 12
Es Fornás 78
Es Port des Torrent 96
Es Pou des Lleò 71
Es Pujols (Formentera) 103 f.
Es Trucadors (Formentera) 105 f.
Es Vedrà 43 f., 105
Es Vedranell 43 f.
Estany des Peix (Formentera) 121

F

Far de Barbària (Formentera) 112
Far de la Mola (Formentera) 120
Fauna 40, 49, 121
Felipe V. von Kastilien 14
Ferdinand II. 13, 27
Finca-Architektur 48, 75, 95
Folklore 50 f., 82, 83
Formentera 103–121
Franco, Francisco 15, 21

G

Gallagher, Noel 43
Gropius, Walter 15, 48, 58, 101
Gruppe '59 23
Guetta, David 54
Gulda, Friedrich 15

H

Hacienda Na Xamena 84
Hagen, Nina 84
Hannibal 12
Hausmann, Raoul 15
Helfritz, Hans 52
Herbst, Dora 28, 29
Hipódromo de Sant Jordi 38
Hippiemärkte 28, 64, 68, 72, 114, 118
Hippieszene 15, 68, 72, 113
Höhlen 51, 84, 92, 98, 114, 118

I

Ibiza-Stadt siehe Eivissa
Illa de Tagomago 71, 73
Illa sa Conillera 92, 97
Inselrat 22, 58
Isabella von Kastilien 14
Isla de Gastabi (Formentera) 106
Islas Malvinas 36

J

Jacopo Paleazzo 14, 20
Jagger, Mick 15
Jaime I. 13, 21
Jaime II. 13, 24
Jaime III. 13, 14
Jesús 58 f.
Juan Carlos I. 15, 21

K

Karl II. 14, 21
Karl V. 14, 20, 21, 24
Keramik 53–55

L

La Savina (Formentera) 106 ff.
Laabs, Hans 68
Las Salinas (Formentera) 121
Le Corbusier 15, 48, 58, 101
Ludwig Salvator 14

M

Macabich, Isidoro 23
Mack, Heinz 48
Manuel de Samaniego 110
Manuel Labad y Lassiera 14
Marí, Anthony 23
María Flores 27
Martinet 57
Martínez, García 80
Micus, Eduard 68
Mola de Sa Caleta 41
Molero, César de 54
Montgrí, Guillem de 24
Monument Julio Verne
    (Formentera) 120

O

Oldfield, Mike 43, 51

P

Padilla, José 94
Parc natural de Ses Salines
    d'Eivissa 40
Philip II. 20, 22, 64
Philip V. 21
Pius VI. 14
Platja Arenal 91
Platja d'en Bossa 36 f., 54
Platja d'es Canyar 69
Platja d'Es Cavallet 39, 40
Platja d'es Figueral 73
Platja de Llevant (Formen-
    tera) 121
Platja de Migjorn (Formen-
    tera) 115 f.
Platja de Sa Caleta 42
Platja de Ses Boques 42
Platja des Ses Illetes 105
Platja de Ses Salines 40
Platja de Tramuntana
    (Formentera) 116 f.
Platja des Codolar 42

Platja des Cubells 42
Platja La Savina (Formen-
    tera) 107
Platja Talamanca 57 f.
Poblado Romano (Formen-
    tera) 12, 117
Polanski, Roman 15
Port d'es Torrent 96
Port de Sant Miquel 83 f.
Portinatx 78, 80 f.
Poulet, Simon 22
Primo de Rivera 14
Puget, Narcís 23
Puig d'en Serra 50
Puig d'en Valls 58
Puig de Missa (52 m) 63, 64
Puig Marina (205 m) 60
Punta Arabí 15, 68
Punta Gastabi (Formentera)
    106
Punta Grossa 76
Punta Marés 79
Punta Moscarte 80
Punta Roja 100

R

Rigg, Diana 15
Riu Santa Eulària 62 f.
Roca Llisa 60
Romero, Paco 23
Rotthier, Philippe 48

S

S'Argamassa 12
S'Espalmador (Formentera)
    105 f.
S'Espartar 46
S'Estany Pudent (Formen-
    tera) 121
Sa Caleta 12, 41 f.
Sa Canal 40
Sa Capella 91
Sa Talaia (475m) 47, 48
Salzgewinnung 19, 121
Sant Agustí d'Es Vedrà 52 f.
Sant Antoni de Portmany
    (San Antonio Abad) 53,
    87–94
    Acuarium Cap Blanc 91
    Café del Mar 90 f.
    Ei des Kolumbus 53, 88 f.
    Es Mercat Clot Marès 90
    Marina 91
    Sant Antoni Abat 89
    Villa Mercedes 88
    Westend 54, 90 f.
Sant Carles de Peralta
    (San Carlos) 12, 15, 72 f.
    Anita's Bar 72
    Las Dalias 72 f.
    Museu es Trui de Can
        Andreu 73
Sant Ferran de ses Roques
    (San Fernando) 113 f.
Sant Francesc de Formente-

ra (Formentera) 109–111
Sant Joan de Labritja
    (San Juan Bautista) 78 f.
Sant Jordi des Ses Salines
    (San Jorge) 38 f.
Sant Josep de sa Talaia (San
    José de Atalaya) 15, 47–51
Sant Llorenç de Balàfia
    (San Lorenzo) 76 f.
Sant Mateu d'Aubarca
    (San Mateo) 100
Sant Miquel de Balansat (San
    Miguel de Balanzat) 82 f.
Sant Rafel de Forca
    (San Rafael) 53–55
    Amnesia 54
    Privilege 54
Sant Vicenç de sa Cala 75
Santa Agnès de Corona
    (Santa Inés) 99 f.
Santa Eulària des Riu (Santa
    Eulalia del Río) 62–67
    Es Mercat 64
    Església Es Puig de
        Missa 64 f.
    Marina 63
    Museu Barrau 65
    Museo Etnológico 65
    Passeig de S'Alamara 64
    Passeig Marítim 63
    Plaça d'Espanya 64
    Platja de Santa Eulària 63 f.
    Puig d'en Ribes 65 f.
    Viaducto Romano 63
Santa Gertrudis de Fruitera 81 f.
Schmidt, Carlos 96
Sellers, Peter 15
Semana de la Moda 28
Sert, Josep (José) Lluís 57 f.
Ses Figueretes 35 f.
Ses Païsses 45
Ses Salines (Las Salinas) 39–41
Spanischer Bürgerkrieg 15, 21
Spanischer Erbfolgekrieg 14, 21

T

TEHP 48, 50
Torre d'en Pirata 45
Torre d'en Rovira 97
Torre d'en Valls 71
Torre de Portinatx 79 f.
Torre de Sa Guardiola
    (Formentera) 106
Torre de Ses Portes 38
Torre des Garroveret
    (Formentera) 112
Torrent de sa Cala 75
Torretes D'en Lluc 99

V

Vandalen 12
Vara de Rey i Rubío, Joaquín 27
Varaderos 112
Verne, Jules 119, 120 f.
Vespasian 12, 13

Impressum

Chefredakteur: Dr. Hans-Joachim Völse
Textchefin: Dr. Dagmar Walden
Chef vom Dienst: Bernhard Scheller
Aktualisierung: Andrea Mertes
Kartographie: ADAC e.V. Kartographie/KAR
Layout: Tina Baur
Herstellung: Barbara Thoma
Druck, Bindung: Rasch Druckerei und Verlag

Printed in Germany

Ansprechpartner für den Anzeigenverkauf:
KV Kommunalverlag GmbH & Co KG,
München, Tel. 089/92 80 96 53

ISBN 978-3-86207-057-2

Neu bearbeitete Auflage 2013
© ADAC Verlag GmbH & Co. KG, München